KB204021

소선지서 강해설교

말라기

치료하는 광선

소선지서 강해설교

말라기

치료하는 광선

김서택 지음

홍성사.

머리말

예배를 회복하라

말라기서는 격동하는 세계 속에서 하나님께 드리는 제사를 소홀히 하고 세상으로 떠내려가던 유다 백성들을 붙들기 위해 주신 말씀입니다. 그들은 포로로 잡혀 가기 전까지 예루살렘이 세계의 중심인 줄 알았습니다. 그런데 바벨론에 가서 보니 세계는 어마어마하게 컸고, 유다는 그 한쪽 구석에 자리잡고 있는 작은 나라에 불과했습니다.

바벨론이 망한 후에 예루살렘으로 돌아온 소수의 유다 백성들은 성전을 재건해 놓고서도 '이렇게 격동하는 세계 속에서 이 작은 성전을 지어 놓고 예배드리는 일이 무슨 소용이 있는가' 라는 회의를 품게 되었습니다. 그래서 제사는 드리되 눈먼 제물과 다리 저는 제물을 바쳤고, 결혼 언약을 깨고 이방인들과 결혼했으며, 심지어 십일조를 드리지 않아서 제사장들이 생활할 수 없는 상황을 만들어 버렸습니다.

하나님은 그들을 향해 언약의 사자가 와서 성전을 깨끗케 하고 의의 제사를 드린 후 하나님의 치료하는 광선으로 사람들을 고치실 일에 대해 말씀해 주십니다.

구소련이 붕괴되고 냉전 시대가 끝난 후 세계는 크게 격동하고 있으며, 약소민족인 우리나라는 마치 풍랑을 만난 작은 배처럼 그 가운데서 표류하고 있습니다. 교회에서 예배가 회복되고 목회자들이 자신들의 사명을 바로 감당할 때, 위대한 부흥이 일어나고 치료하는 광선이 발하여 이 민족을 치료하게 될 줄 믿습니다.

열두 권의 소선지서를 수년에 걸쳐 꾸준히 편집하고 출판한 홍성사 모든 식구들에게 깊은 감사를 드립니다.

2005년 3월

대구 수성교 옆에서

김서택

차 례

■ 일러두기

1. 이 책은 2004년 7월부터 9월까지 대구 동부교회에서 설교한 내용을 정리한 것입니다.
2. 본문에 인용된 성경구절의 문장부호는 *New International Version*을 참고로, 편집자가 첨부한 것입니다.

1

하나님의 선택적인 사랑

말라기 1:1-6

1:1 여호와께서 말라기로 이스라엘에게 말씀하신 경고라.

2 여호와께서 가라사대 "'내가 너희를 사랑하였노라' 하나 너희는 이르기를 '주께서 어떻게 우리를 사랑하셨나이까?' 하는도다. 나 여호와가 말하노라. 에서는 야곱의 형이 아니냐? 그러나 내가 야곱을 사랑하였고

3 에서는 미워하였으며 그의 산들을 황무케 하였고 그의 산업을 광야의 시랑에게 붙였느니라.

4 에돔은 말하기를 '우리가 무너뜨림을 당하였으나 황폐된 곳을 다시 쌓으리라' 하거니와 나 만군의 여호와는 이르노라. 그들은 쌓을지라도 나는 헐리라. 사람들이 그들을 일컬어 악한 지경이라 할 것이요 여호와의 영영한 진노를 받은 백성이라 할 것이며

5 너희는 목도하고 이르기를 '여호와께서는 이스라엘 지경 밖에서 크시다!' 하리라.

6 내 이름을 멸시하는 제사장들아, 나 만군의 여호와가 너희에게 이르기를 '아들은 그 아비를, 종은 그 주인을 공경하나니 내가 아비일진대 나를 공경함이 어디 있느냐? 내가 주인일진대 나를 두려워함이 어디 있느냐?' 하나 너희는 이르기를 '우리가 어떻게 주의 이름을 멸시하였나이까?' 하는도다."

1:1-6

오랫동안 독신으로 지내다가 결혼한 사람은 중대한 변화를 경험하게 됩니다. 처음에는 이성을 새롭게 알게 된 것이 너무나 좋고 황홀해서 마치 하늘을 나는 듯합니다. 그러나 어느 정도 시간이 흐르면 자꾸 간섭받는 것 같고 제약받는 것 같아서 불편하다는 생각이 들기 시작합니다. 지금까지는 혼자 모든 일을 결정하면서 살았고 하고 싶은 대로 다 하면서 살았지만, 이제부터는 모든 것을 배우자와 같이 해야 하기 때문에 아무래도 충돌이 생기지 않을 수 없습니다. 내가 하고 싶은 일은 상대방이 하기 싫어하고 상대방이 하고 싶어 하는 일은 내가 하기 싫습니다. 그래서 사람들이 "결혼생활 어때?"라고 물으면 "아무래도 괜히 한 것 같아"라는 대답이 나오곤 합니다.

결혼생활도 연애하듯이 해야 한다고 생각하는 사람들이 가끔 있습니다. 연애할 때처럼 옷도 멋있게 차려입고, 몸매도 날씬하게 유지하며, 늘 연애하던 때의 감정으로 살아야 행복하다고 생각하는 것입니다. 그러나 부부가 언제까지나 연애하던 때의 감정으로 살 수는 없는 노릇입니다. 자녀도 생기고 자신들도 나이가 들어 가는데 어떻게 연애하던 때의 감정을 계속 유지할 수 있겠습니까?

결혼은 연애와 다릅니다. 결혼한 부부는 예전과 전혀 다른 방식으로 살아가는 법을 새롭게 익혀야 합니다. 지금까지는 단식경기만 펼쳐 왔다면 이제부터는 환상적인 복식경기를 펼쳐 나가야 하는 것입니다. 부부는 서로 의사소통하는 법을 배워야 하고, 상대방의 마음을 읽는 법을 배워야 하며, 귀찮더라도 무슨 일이든지 같이 하는 법을 배워야 합니다. 그렇게 하지 않고 계속 단식경기를 펼치려 들 때, 부부관계는 시들게 되며 가정 또한 병들게 됩니다.

이것은 신앙생활에도 그대로 적용이 됩니다. 신앙을 갖는다는 것은 마치 남녀가 결혼하는 것과 같습니다. 지금까지는 나 혼자 모든 일을 결정하며 살아왔지만, 이제부터는 매사에 하나님과 함께하며 살아가야 합니다. 그런 생활이 처음에는 기쁘고 황홀하게 느껴질 수 있습니다. 그러나 시간이 지나면서 자꾸 걸리는 부분이나 불편한 일들이 생기기 시작하고 간섭받는 듯한 느낌이 들기 시작합니다. 그렇다고 예전처럼 자신을 주장하려 들면 하나님과 대화가 중단되고 신앙생활이 무미건조해지며 일주일에 한 번 교회 출석하는 것으로 만족하는 상태에 빠져 버립니다. 한마디로 병든 신앙, 죽은 신앙이 되어 버리는 것입니다.

말라기서는 구약의 마지막 선지서입니다. '말라기'라는 이름의 뜻은 '나의 사자(使者)'인데, 어떤 학자들은 이것이 과연 실명이겠느냐는 의문을 표시하기도 합니다. 어떤 아버지가 감히 자기 자식에게 '나의 사자'라는 이름을 붙일 수 있겠습니까? 그럼에도 불구하고 전통적인 입장에서는 말라기를 실명으로 보고 있습니다. 아버지가 '이 아들은 장차 하나님의 사자로 쓰임받을 것' 이라는 예언적인 의미에서 붙인 이름으로 보는 것입니다.

'나의 사자' 란 어떤 사람입니까? 왕에게 전권을 위임받아 파견되는 대표입니다. 국가간의 외교협상을 위해 파견되는 대부분의 대표들은 전권을 행사하지 못하고, 새로운 안건이 나올 때마다 일일이 본국에 보고한 후에 지시를 받아서 움직이게 되어 있습니다. 위에서 왼쪽으로 가라고 하면 왼쪽으로 가고 오른쪽으로 가라고 하면 오른쪽으로 가는 것입니다. 반면에, 전권을 위임받은 대표는 일일이 보고하거나 지시를 받을 필요가 없습니다. 자기 책임 하에 모든 일을 결정한 후 보고만 하면 됩니다. 대개 대통령이나 대통령에게 직접 권한을 위임받은 대표들이 그렇게 할 수 있습니다.

여기 나오는 '나의 사자' 란 이처럼 하나님께 직접 보냄을 받아 모든 일을 독자적으로 결정할 수 있는 사람을 가리킵니다. 그는 직접 사람들을 구원하거나 심판할 권한을 가지고 있습니다. 하나님이 보내신 천사나 선지자라고 해서 모두 그런 권한을 갖는 것은 아닙니다. 오직 '나의 사자' 만이 산 자를 죽일 수도 있고 죽은 자를 살릴 수도 있는 권한을 가지고 있습니다.

물론 이것은 말라기에게 해당하는 말씀이 아닙니다. 그는 장차 오실 예수 그리스도의 예표입니다. 오직 그리스도만이 하나님께 전권을 위임받은 대표로서, 모든 것을 독자적으로 결정하고 처리할 권한을 가지고 계신 분입니다.

말라기는 예루살렘 제사장들의 형식적이고 무성의한 제사 행위를 책망하고 있습니다. 그들이 드리는 제물의 숫자는 정확했지만,

그 실상을 들여다보면 깜짝 놀랄 정도로 형편없었기 때문입니다. 그들은 눈먼 짐승, 저는 짐승들을 제물로 바쳤습니다. 그들이 이렇게 형식적인 제사, 죽은 제사를 드리게 된 이유가 무엇입니까?

그것은 성전이 완공되었는데도 기대했던 독립이 이루어지지 않았기 때문입니다. 그들은 유다의 독립과 물질적인 축복을 기대하면서 뜨겁고 감격적인 예배를 드렸습니다. 그런데 상당한 시간이 지나도록 아무 변화가 일어나지 않자, 예배에 대한 열정이 식으면서 형식적인 제사를 드리게 된 것입니다. 말라기는 그들을 향해 "하나님의 사자가 반드시 이 성전에 오실 것이다. 그때 심판받지 않으려면 지금 바른 예배와 율법의 삶을 회복하라!"라고 외쳤습니다.

그의 외침은 오늘 우리와도 깊은 관계가 있습니다. 이 땅의 그리스도인들도 한때는 뜨거운 마음으로 예배드렸고 말씀대로 살고자 애썼습니다. 그러나 세월이 흘러도 주님이 오시지 않을 뿐 아니라 경제적인 여건이 점점 더 어려워지는 것을 보면서 점차 무미건조한 신앙, 일주일에 한 번 낮 예배 참석하는 데 만족하는 신앙으로 변질되어 버렸습니다. 한국 교회는 20년이 넘도록 말씀을 무시한 채 제멋대로 믿어 왔습니다. 그 결과 사회는 죄악으로 뒤덮이고, 거리에는 실업자들이 쏟아져 나오며, 청년들도 직장을 구하지 못해서 절망하는 현실에 부닥치게 되었습니다.

주님은 "내가 너희를 위하여 처소를 예비하러 가노니"(요 14:2)라고 말씀하셨습니다. 우리는 세상에 영원히 머물 사람들이 아니라 주님이 예비하신 처소로 갈 사람들입니다. 그런데 세상에 오래 머물다 보니 그만 세상이 더 좋아져 버렸고, 일주일에 한 번 억지로 예배 참석하는 데 만족하는 상태가 되어 버렸습니다. 누군가 "교회 다니는 것 외에 너희가 믿지 않는 사람들과 다른 게 대체 뭐냐?"라고 묻는다면 아마 대답할 말이 없을 것입니다.

말라기가 일관되게 외치는 바가 무엇입니까? 하나님을 향한 거룩한 열정을 회복하라는 것입니다. 하나님의 사자가 전권을 가지고 오셔서 바른 신앙과 엉터리 신앙을 골라 내실 테니, 다시 한 번 율법을 붙들고 거룩한 삶을 회복하라는 것입니다.

하나님의 선택적인 사랑

하나님은 이스라엘을 어떻게 사랑하셨습니까? "여호와께서 가라사대 '내가 너희를 사랑하였노라' 하나 너희는 이르기를 '주께서 어떻게 우리를 사랑하셨나이까?' 하는도다. 나 여호와가 말하노라. 에서는 야곱의 형이 아니냐? 그러나 내가 야곱을 사랑하였고 에서는 미워하였으며"(1:2-3상).

우리는 여기에서 하나님과 유다 백성들 사이에 상당한 생각의 차이가 있었음을 알게 됩니다. 하나님은 그들을 향해 "내가 너희를 사랑하였노라"라고 말씀하시는데 유다 백성들은 "주께서 어떻게 우리를 사랑하셨나이까?"라고 반문합니다. 다시 말해서 하나님은 자신들을 사랑하신 적이 없다는 것입니다. 약속을 지키지도 않고 고생만 실컷 시키는 것을 보니 자신들을 사랑하시지 않는다는 거예요. 이처럼 그들이 생각하는 사랑과 하나님이 생각하시는 사랑은 완전히 다른 것이었습니다.

하나님이 생각하시는 사랑은 어떤 것이었습니까? 마치 부부간의 사랑처럼 서로 더 많이 알아 가는 것, 전에는 혼자 하던 일을 이제는 같이 하는 것이었습니다. 하나님이 유다를 사랑하신다는 것은, 이제 하나님과 유다가 각자 따로 사는 것이 아니라 모든 삶을 함께 나누며 함께하게 되었다는 뜻이었습니다. 그러나 유다 백성들이 생각하는 사랑은 물질적인 것이었습니다. 하나님이 자신들을 사랑하신다면 돈도 주시고 집도 주시고 땅도 주시고 권력도 주셔야 한다는 것입니다. 그들은 하나님과 함께한다는 의식이 없었습니다. 집이 얼마나 더 넓어졌는가, 재산이 얼마나 더 늘어났는가, 힘이 얼마나 더 커졌는가 하는 기준으로만 하나님의 사랑을 평가하려 했습니다. 그러니까 "하나님은 우리를 속였다. 하나님은 우리를 사랑하신 적이 없다"라는 결론을 내리게 된 것입니다.

"주께서 어떻게 우리를 사랑하셨나이까?"라는 말에는 많은 원망과 불평이 담겨 있습니다. '그렇지 않아도 언젠가는 한번 따지려 했는데 잘됐다'라는 마음이 담겨 있는 것입니다. 이를테면 아내가 "내가 시집오고 나서 이날 이때까지 당신이 해 준 게 뭐가 있어? 다이아를 사 줘 봤어, 사파이어를 사 줘 봤어, 호강 한번 제대로 시켜 줘 봤어?" 하고 따지는 것과 같습니다.

우리도 하나님의 사랑을 물질적인 것으로만 평가한다면 '속았다'라는 생각을 할 수 있습니다. 하나님의 사랑은 결코 물질적인 것이 아니기 때문입니다. 하나님이 말씀하시는 사랑은 점점 더 하나님을 알아 가는 것이며 모든 삶을 하나님과 함께하는 것입니다. 하나님과 환상적인 콤비가 되어서 밥도 같이 먹고 일도 같이 하고 공부도 같이 하는 것입니다.

보이지 않는 하나님과 어떻게 모든 일을 같이 할 수 있을까요? 하나님의 사진을 품에 품고 다닐 수도 없고 하나님의 손을 잡고 다닐 수도 없지 않습니까? 사진이 아니라 말씀을 품으면 됩니다.

늘 말씀을 생각하는 것, 기도하는 것, 매사에 "하나님, 이 일은 어떻게 처리하면 좋을까요? 저 문제는 어떻게 풀면 좋을까요? 아무개와 사이가 좋지 않은데 제가 어떻게 대해야 할까요?"라고 묻는 것이 곧 하나님과 함께하는 것입니다. 이렇게 하나님을 늘 생각하는 사람, 하나님을 알아 가는 사람, 매사에 하나님과 협력하고 하나님을 의지하면서 사는 사람, 환상적인 콤비플레이를 펼쳐 나가는 사람일수록 하나님의 사랑을 더 많이 느낄 수 있습니다.

하나님은 유다 백성을 향한 사랑의 성격을 이렇게 설명하고 계십니다. "에서는 야곱의 형이 아니냐? 그러나 내가 야곱을 사랑하였고 에서는 미워하였으며."

야곱과 에서는 형제였습니다. 그것도 보통 형제가 아니라 쌍둥이 형제였습니다. 그런데 하나님은 에서는 미워하시고 야곱은 사랑하셨습니다. 두 사람이 태어나기도 전에 그렇게 하셨습니다.

에서와 야곱 중에 누가 더 나은 사람이었는지 우리는 판단할 수 없습니다. 에서는 탐욕스러운 사람이었고 야곱은 사기꾼 같은 사람이었습니다. 에서도 문제가 많았지만 야곱도 그에 못지않게 문제가 많았습니다. 둘 다 그 자체로서는 전혀 사랑받을 만하지 못한 사람들이었습니다. 그런데 하나님은 야곱을 선택하셨습니다. "내가 야곱을 사랑하였고 에서는 미워하였으며"라는 것은, 야곱은 하나님의 백성으로 택하신 반면, 에서는 멸망시키기로 작정하셨다는 뜻입니다.

이 말씀의 핵심은 하나님이 아무 조건 없이 야곱을 사랑하기로 작정하셨다는 데 있습니다. 사람들은 대부분 똑똑하고 잘생긴 아이들을 입양합니다. 그러나 가끔은 아무 조건 없이 단지 사랑하기 위해 입양하는 사람들이 있습니다. 제가 아는 한 가정도 심장병이 있는 아이를 입양해서 몹시 사랑하며 귀하게 키우고 있습니다.

사람들은 하나님의 선택이 곧 책임을 의미하는 것처럼 오해할 때가 많습니다. 즉, 하나님이 한번 택하신 사람은 무조건 끝까지 책임지셔야 한다고 생각하는 것입니다. 그래서 "하나님이 나를 택하셨다면 내가 아무리 타락해도 구원받을 것이요, 택하지 않으셨다면 아무리 믿으려고 애써도 결국 지옥에 갈 것 아니냐?"라고 말하는 사람들도 적지 않습니다. 그러나 그것은 자기 욕심을 합리화하는 말에 지나지 않습니다.

하나님의 선택에는 세 가지 사실이 포함되어 있습니다. 첫째는 하나님이 전혀 택할 가치가 없는 자들을 택하신다는 것입니다. 하나님은 사랑할 가치도 없고 사랑할 이유도 없는 자, 오히려 하나님 편에서 볼 때 원수 같은 자들을 말할 수 없는 사랑으로 선택해 주십니다. 야곱도 하나님 보시기에 전혀 사랑스럽지 않은 사람이었습니다. 에서만큼이나 사랑스러운 구석이 한 군데도 없는 사람이었어요. 그런데도 하나님은 무조건적으로 그를 택해서 사랑해 주셨습니다.

둘째는 하나님이 한번 택하신 사람은 부족하다고 해서 버리시는 법이 없다는 것입니다. 택함을 받았다고 해서 그 즉시 악한 본성이 사라지는 것은 아닙니다. 예전의 나쁜 버릇이나 습성이 끊임없이 나타나 하나님을 거역하게 만듭니다. 야곱도 사기꾼의 본성을 여러 번 드러냈습니다. 그럼에도 불구하고 자신의 죄와 부족함을 인정하고 나아가면 절대 버리지 않으십니다. 일곱 번뿐 아니라 일흔 번씩 일곱 번이라도 용서하고 받아 주십니다.

셋째는 하나님이 택한 자에 대해 아름다운 그림을 그리고 계시다는 것입니다. 하나님은 택한 자가 그 그림대로 변화되어 가는 것을 기뻐하십니다. 하나님은 멸망할 수밖에 없는 원수들을 사랑하시되 극진히 사랑하십니다. 그리고 그들이 자신의 욕심과 야망을 버리고 하나님을 나타내는 일에 남은 평생을 바치기를 원하십니다.

그런데 유다 백성들은 하나님의 사랑을 그런 차원에서 생각하지 않았습니다. '사랑받을 자격이 없는 우리를 이처럼 사랑해 주시다니! 우리는 택하심을 받았음에도 계속 넘어지고 있다. 그래도 하나님은 우리를 버리지 않고 사랑해 주시며 우리가 조금씩 변화되어 가는 것을 기뻐하신다'라고 생각하지 않고, 오히려 그 사랑을 당연시하면서 "왜 사랑한다고 해 놓고 복도 주지 않는 겁니까? 이렇게 사기를 칠 수 있습니까?"라고 원망했습니다.

우리 같은 사람들이 어떻게 하나님의 백성이 될 수 있었을까요? 우리는 원래 하나님의 원수요 원수의 자식들로서, 전혀 사랑받을 만한 사람들이 아니었습니다. 우리 조상들은 하나님을 부정하고 욕되게 하는 일만 했고, 우리도 하나님 보시기에 아름다운 구석이 한 군데도 없는 사람들이었습니다. 그런데 어떻게 우리를 아시고 택하시고 사랑하셨을까요? 모든 사람을 택하신 것도 아니고 일부는 죄악의 길로 가도록 내버려 두셨으면서, 어떻게 우리는 하나님을 모를 때부터 사랑해 주시고 우리를 통해 영광 받으시기로 작정하셨을까요? 그것을 생각할 때 우리는 하나님께 아무것도 요구할 수가 없습니다. 좋은 것을 주시든 나쁜 것을 주시든 오직 찬양하고 감사할 수밖에 없습니다.

게다가 우리는 늘 거룩하게 살지 못합니다. 정반대로 죄를 짓고 교만해질 때가 더 많습니다. 하나님의 그 놀라운 사랑에 조금이라도 부응하기는커녕 여전히 정욕적이고 타락한 삶을 살 때가 많은 것입니다. 우리는 하나님이 우리의 이런 모습을 보고 벌을 내리시면 어떡하나 걱정합니다. 그러나 우리의 연약함을 인정하며 겸손하게 나아가는 한 그런 일은 절대 없습니다. 하나님은 우리가 부족하고 무능하다고 해서 버리시는 법이 없으며, "왜 또 넘어졌어? 왜 또 침체되었냐고? 왜 또 불평하는 거야?" 하면서 내치시는 법이 없습니다. 우리에게 가장 위험한 암초는 교만과 거짓입니다. 그 두 가지 암초만 피해서 겸손하고 정직하게 실패를 인정하고 나아가면 절대 축복을 빼앗기지 않습니다.

편안하게 잘살고 있을 때에만 하나님이 동행해 주시는 것이 아닙니다. 오히려 어렵고 힘들 때 더 동행해 주십니다. 지금 내 모습이 사람들의 눈에 무능하게 보인다 해도 낙심하지 마십시오. 하나님과 동행하는 사람은 망하지 않습니다. 하나님이 망하시지 않는 한, 그 사람도 절대 망하지 않습니다.

에돔과 유다의 차이

에서의 자손인 에돔 백성들과 야곱의 자손인 유다 백성들은 서로 어떻게 달랐을까요? "에서는 미워하였으며 그의 산들을 황무케 하였고 그의 산업을 광야의 시랑에게 붙였느니라. 에돔은 말하기를 '우리가 무너뜨림을 당하였으나 황폐된 곳을 다시 쌓으리라' 하거니와 나 만군의 여호와는 이르노라. 그들은 쌓을지라도 나는 헐리라. 사람들이 그들을 일컬어 악한 지경이라 할 것이요 여호와의 영영한 진노를 받은 백성이라 할 것이며"(1:3-4).

얼핏 보기에는 에서의 자손이나 야곱의 자손이나 별 차이가 없는 것 같고, 세상적인 기준에서는 오히려 에서의 자손들이 모든 점에서 유리한 것 같습니다. 망하기는 유다가 먼저 망했는데 회복되기는 에돔이 더 빨리 회복되었습니다. 유다 백성들이 돌아왔을 때 에돔은 이미 재건되어 있었던 것으로 보입니다.

에돔과 유다는 혈통적으로는 가까웠지만 신앙적으로는 먼 관계였습니다. 에돔은 세상을 사랑하는 민족이었고 유다는 하나님을 사랑하는 민족이었습니다. 그런데 세상에서 성공한 쪽은 오히려 에돔이었다는 것이 문제입니다. 게다가 에돔은 야곱의 후손들에게 늘 가시 같은 역할을 했습니다. 그들은 하나님을 믿지 않아도 더 잘살고 강해질 수 있다는 자부심으로 유다를 무시하고 괴롭혔으며, 그것을 자신들의 사명으로 생각했습니다.

그런데 유다 백성들의 결정적인 특징이 무엇입니까? 성령만 임하시면 언제든지 부흥할 수 있다는 것입니다. 부르짖기만 하면 언제든지 위대한 구원을 경험할 수 있다는 것입니다. 에돔은 세상적으로 모든 것을 가지고 있는 것 같아도, 하나님이 한마디만 하시면 연기처럼 사라져 버릴 나라입니다. 말라기 당시에 에돔 족속들은 다시 힘을 합쳐서 세력을 떨치고자 했습니다. 그러나 하나님은 결코 그렇게 되지 않을 것이라고 말씀하십니다. 하나님이 그들을 버리실 때가 이르렀기 때문입니다. 실제로 에돔은 말라기 시대 이후에 완전히 망해 버립니다.

그동안 우리나라는 경제적으로 급성장을 거듭했습니다. 전 세계가 배우고 싶어 할 정도로 놀라운 번영을 이룩했습니다. 그러나 그것은 유다의 축복이 아니라 에돔의 축복이었습니다. 그리스도인들은 힘들더라도 믿음을 지켰어야 했습니다. 그런데 세상의 방식을 따라갔기 때문에 나라 전체가 어려워지고 말았습니다. 이제 우리는 세상의 방식을 버리고 순수한 신앙으로 돌아감으로써 다시 한 번 부흥을 체험해야 합니다. '세상에서 잘사는 것이 축복'이라는 생각을 버리고, 성령의 부으심을 위해 간절히 기도해야 합니다.

세상 나라들은 한번 세력이 기울면 다시 일어서지 못합니다. 페르시아나 로마나 네덜란드나 스페인 같은 나라들을 보십시오. 영국도 한때는 '해가 지지 않는 나라'라는 별명을 얻을 정도로 번영했지만 지금은 무력한 나라가 되어 버렸습니다. 기업도 마찬가지입니다. 한번 부도가 나면 다시 일어서지 못하는 경우가 많습니다. 그러나 하나님의 교회는 그렇지 않습니다. 아무리 피폐하고 중병이 들어 있어도 성령만 임하시면 언제 그런 적이 있었느냐는 듯 힘차게 일어설 수 있습니다.

이것이 에돔과 유다의 차이입니다. 어느 날 갑자기 하나님의 백성들이 자신들의 상태를 깨닫기 시작합니다. 하나님이 약속하신 것은 훨씬 더 능력 있고 영광스러운 삶인데 자신들은 피폐할 대로 피폐해져 있음을 깨닫고 애통하기 시작합니다. 그들은 은혜를 갈망하며 말씀에 순종하기 위해 애를 씁니다. 그러면 어떤 일이 일어납니까? 놀라운 성령의 능력이 부어지면서 성도 한 사람 한 사람이 과거에는 상상할 수도 없었던 능력으로 일어서기 시작합니다. 그러면 온 세상이 교회를 주목하게 됩니다. 세상에서 볼 수 없는 기적들이 바로 그곳에서 일어나기 때문입니다.

유다 백성들이 포기해야 할 것

유다 백성들이 깨닫지 못하고 있는 사실이 무엇입니까? "너희는 목도하고 이르기를 '여호와께서는 이스라엘 지경 밖에서 크시다!' 하리라"(1:5).

이 말씀만 보면 도대체 무엇 때문에 "여호와께서는 이스라엘 지경에서 크시다!"라고 말하게 된다는 것인지 이해할 수가 없습니다. 얼핏 보기에는 하나님이 에돔을 쳐서 끝까지 황폐하게 만드시는 일을 보고 그 능력이 이스라엘 지경을 넘어선다는 사실을 인정하게 된다는 뜻인 것 같습니다.

하나님은 교회뿐 아니라 세상에서도 큰일을 행하실 수 있는 분입니다. 하나님은 단지 에돔뿐 아니라 온 세상에서 가장 위대하신 분입니다. 유다 백성들은 하나님을 자신들의 좁은 틀 안에 갇혀 있는 분으로 생각했습니다. 그래서 예루살렘이 망했을 때 하나님도 망하신 것으로 간주했습니다. 그러나 하나님은 결코 망하지 않으셨습니다.

그 사실을 가장 생생하게 경험한 사람이 바벨론의 느부갓네살 왕이었습니다. 느부갓네살 왕은 자신이 지은 성의 위용을 보며 자기만족에 빠져 있었습니다. 그때 하나님이 그에게 짐승의 정신을 주어서 수년 동안 미친 상태로 살게 하셨습니다. 그는 소처럼 풀을 뜯어먹으면서 지냈습니다. 나중에 정신을 되찾은 느브갓네살은 온 바벨론 지경에 이스라엘의 하나님 여호와를 찬양하는 조서를 내립니다.

이후에 패권을 잡았던 페르시아의 다리오 왕 역시 여호와의 능력을 인정하는 조서를 내린 적이 있습니다. 그는 바벨론을 멸망시키는 과정에서 하나님의 도우심을 인식했던지 바벨론의 재상 다니엘을 끝까지 중용했습니다. 그리고 다니엘이 사자굴에서 살아나오는 기적을 직접 목격했습니다. 또 고레스 왕은 하나님의 계시에 따라 유다 백성들을 예루살렘으로 돌려 보내라는 조서를 내리고 성전을 재건하게 해 주었습니다.

이 모든 일이 의미하는 바가 무엇입니까? 지금까지 유다 백성들은 하나님을 예루살렘 성전이라는 좁은 경계 안에 가두어 놓고, 자신들이 협력해 드리지 않으면 아무것도 하실 수 없는 분처럼 대우했습니다. 그러나 하나님은 느브갓네살도 사용하시고 다리오도 사용하시고 고레스도 사용하시는 분입니다. 하나님은 믿지 않는 자들이나 자연까지 사용하셔서 그 뜻을 이루어 나가십니다. 하나님은 이스라엘 지경 밖에서도 크신 분입니다. 유다 백성들은 '모든 일은 우리 손에 달려 있는 것이 아니로구나. 우리가 진정으로 능력 있게 사는 길은 오직 하나님의 뜻에 우리를 맞추는 것뿐이로구나' 하고 깨달았어야 합니다. 그들은 다시는 하나님을 예루살렘이라는 한정된 지역에 가두어 놓고 생각해서는 안 되며, 자기들만의 하나님으로 여겨서도 안 됩니다. 하나님은 온 세계의 하나님이시며 온 세계에서 높임을 받으셔야 할 분입니다. 그러므로 그들은 온 세계 사람들에게 하나님을 알리기 위해 선교적인 준비를 해야 합니다.

날씨가 더울 때면 선교사로 혼자 정글로 들어간 한 자매가 생각납니다. 그는 하나님이 모든 민족의 하나님이시라는 것을 자신의 삶으로 증거하기 위해 정글로 들어갔습니다. 온 세계의 하나님을 경험하고 나서도 하나님을 우리 가족, 우리 교회, 우리 민족의 좁은 울타리 안에 한정시켜서는 안 됩니다. 예루살렘은 더 이상 유대인들만의 중심지에 머물러서는 안 됩니다. 온 세계 사람들에게 하나님을 알리는 선교의 장이 되어야 합니다.

오늘 우리도 마찬가지입니다. 그동안 하나님은 우리 민족을 크게 축복해 주셨고, 사랑받을 자격이 없는데도 사랑해 주셨습니다.

다행히도 우리나라 교회들은 선교의 사명을 깨닫고 많은 선교사들을 세계로 내보냈습니다. 그러나 그것만으로는 부족합니다. 하나님은 우리 모두가 선교사의 마음으로 세계를 바라보기를 원하십니다. 우리도 선교사들이 죽음을 무릅쓰고 찾아와 주지 않았다면 복음을 듣지 못했을 것입니다. 그런데도 하나님이 우리만 사랑하셔야 하고 우리만 축복하셔야 하는 것처럼, 우리 가정과 우리 교회와 우리 민족만 잘살게 해 주셔야 하는 것처럼 생각해서는 안 됩니다. 우리의 관심은 '내가 만난 이 하나님을 어떻게 다른 사람들도 만나게 할 것인가'가 되어야 합니다. 어떻게 하면 우리 집을 넓힐 것인가, 우리 교회를 크게 지을 것인가를 생각지 마십시오. 우리 지경 밖에서도 크신 하나님, 온 세계의 하나님을 위해 무엇을 할 것인가를 생각하십시오.

하나님은 무엇을 원하시는가?

하나님이 그 백성들에게 원하시는 것은 무엇입니까? "내 이름을 멸시하는 제사장들아, 나 만군의 여호와가 너희에게 이르기를 '아들은 그 아비를, 종은 그 주인을 공경하나니 내가 아비일진대 나를 공경함이 어디 있느냐? 내가 주인일진대 나를 두려워함이 어디 있느냐?' 하나 너희는 이르기를 '우리가 어떻게 주의 이름을 멸시하였나이까?' 하는도다"(1:6).

자녀는 부모의 말을 따라야 하며, 종은 주인의 말을 청종해야 합니다. 하나님은 유다 백성들이 하나님의 자녀라고 하면서도 하나님을 공경하지 않고, 하나님의 종이라고 하면서도 하나님을 두려워하지 않는다고 책망하십니다. 그러나 정작 본인들은 전혀 그렇게 생각하고 있지 않습니다.

이런 차이가 발생한 이유가 무엇입니까? 하나님이 실제로 중요하게 여기시는 일과 유다 백성들이 '하나님이 중요하게 여기실 것'이라고 생각하는 일이 서로 달랐기 때문입니다. 유다 백성들은 하나님이 제사를 중요하게 여기신다고 생각했습니다. 그러니까 바벨론에서 돌아오자마자 성전부터 짓게 하신 것이 아니겠습니까?

부모들은 어린아이가 투정을 부릴 때 젖병부터 물려 줍니다. 또 집안에 노인이 계실 때 음식이나 잘 챙겨 드리고 용돈만 제때제때 드리면 아무 탈이 없을 것처럼 생각합니다. 유다 백성들은 하나님을 그런 어린아이나 노인처럼 취급해서 제사만 꼬박꼬박 잘 챙겨 드리면 자신들을 괴롭히지 않으실 것이라고 생각했습니다. 자신들은 하고 싶은 일이 많은데 하나님은 자꾸 하지 말라고 막으시고 죄라고 책망하시니까 제사나 잘 드려서 간섭하지 못하시게 하자고 생각한 것입니다.

하나님은 그들이 하나님을 아버지로 여기고 주인으로 여기기를 원하셨습니다. 아버지를 사랑하고 공경하는 자녀의 자세로 나아오며 주인에게 순종하기 위해 경청하는 종의 자세로 나아오기를 원하신 것입니다. 그러나 그들은 하나님을 투정하는 어린아이나 귀찮은 뒷방 노인으로 취급해서 마지못해 형식적인 제사를 드리고 있었습니다.

어떻게 이런 일이 벌어질 수 있었을까요? 이것은 하나님이 얼마나 크고 능력 있는 분인지 몰랐기 때문에 벌어진 일입니다. 이를테면 하룻강아지 범 무서운 줄 몰랐기 때문에 벌어진 일인 것입니다. 저도 그런 적이 있습니다. 지금 생각하면 소름이 끼칠 정도로 무지하고 교만했던 시절이었습니다. 저는 청년부를 처음 맡아서 자신감에 넘쳐 있었습니다. 저의 계획이 완벽하다고 생각해서 하나님께 묻지도 않았을 뿐 아니라 오히려 하나님이 개입해서 엉망으로 만드실까 봐 염려했습니다. 그때 하나님이 저를 심판하지 않으신 것이 얼마나 감사한지 모릅니다.

이처럼 하나님의 일을 하면서도 자기 힘으로, 자기 머리로 하는 경우가 많이 있습니다. 하나님은 전혀 개입하지 못하시게 하고 자기 혼자 모든 일을 하려 들 때가 많은 것입니다. 그러나 그것은 하나님이 어떤 분이시며 자신이 어떤 존재인지 깨닫지 못한 데서 비롯된 결과입니다. 인생 밑바닥에 내동댕이쳐져서 '내가 할 수 있는 일이 정말 아무것도 없구나!' 라는 것을 깨닫고 나면 다시는 그런 짓을 하지 못합니다. 그때부터 하나님은 나의 짐이 아니라 주가 되십니다. 그분의 말씀 한마디에 내가 살기도 하고 죽기도 한다는 것을 마음 깊이 새기게 되며, 실제로 말씀 없이는 단 하루도 살지 못하게 됩니다.

우리는 하나님을 '우리가 출세하려 할 때 발목을 잡으시는 분, 누군가를 사랑하려 할 때 방해하시는 분, 조금 신앙이 좋아지는 것 같으면 오지로 보내서 원주민에게 찔려 죽게 하시는 분' 으로 생각할 때가 많습니다. 그래서 내 삶에 간섭하지 못하시도록 종교적인 의무만 다함으로써 뒷방에 처박으려 하는 것입니다. 그러나 하나님은 절대 그런 분이 아닙니다. 하나님은 나 자신보다 더 내가 잘되기를 원하시는 분입니다. 괜히 나를 불행하게 만들고 슬프게 만드시는 분이 아니에요. 그것을 모르기 때문에 하나님을 귀찮은 짐처럼 생각하고 떼어 버려야 할 혹처럼 취급하는 것입니다.

하나님은 유다 백성들이 자신의 욕심대로 세상에 뛰어드는 대신 하나님의 자녀와 종으로서 순종하기를 원하셨습니다. 형식적인 제사에 만족하는 것이 아니라 하나님의 주인 되심을 인정하며, 아무리 세상이 어지러워도 말씀대로 모든 일이 이루어질 것을 믿고 나아오기를 원하셨습니다.

오늘 성경이 우리에게 말씀하는 바가 무엇입니까? 하나님은 인격적인 분이기 때문에 그 사랑을 물질적인 복으로만 판단해서는 안 된다는 것입니다. 남편 월급이 올랐다고 해서 반찬 한 가지 더 해 주고 깎였다고 해서 내쫓는 아내 봤습니까? 사랑하는 부부라면 결코 그렇게 하지 않을 것입니다. 사랑하는 관계는 거래 관계가 아닙니다. 주고 받고 따지고 이자 챙기는 그런 관계가 아니에요. 우리의 진정한 복은 물질적으로 부요해지는 데 있는 것이 아니라 하나님을 더 깊이 알아 가며 동행하는 데 있습니다. 하나님의 능력을 체험하고 싶습니까? 하나님과 환상의 커플로 살아 보십시오. 거래하려 들지 말고 모든 영역에서 함께하며 살아 보십시오.

하나님의 사랑은 선택적인 사랑입니다. 사랑하실 이유가 없는데도 조건 없이 우리를 택해서 사랑해 주신 것입니다. 우리는 그 놀라운 사랑 앞에 굴복하며 조건 없이 감사드리고 영광 돌려야 합니다. 인간으로 이 땅에서 사는 이상 아주 죄를 짓지 않을 수는 없습니다. 그러나 겸손하고 정직하게 나아가 용서를 구하기만 하면 언제든지 정결해질 수 있습니다. 아무리 세상은 강하고 나는 약해도 하나님이 내 삶을 책임져 주십니다. 가장 위험한 것은 축복을 많이 받았다고 해서 교만해지는 것이며, 죄를 지었으면서도 회개하지 않고 입을 다물어 버리는 것입니다. 죄를 감추고 하나님을 속이면 관계 자체가 끊어져 버립니다.

하나님은 우리의 아버지가 되기를 원하시며 주인이 되기를 원하십니다. 이 세상 어떤 정치인이나 기업가의 지혜보다 하나님의 지혜가 월등함을 우리가 인정하기를 원하십니다. 하나님이 기뻐하시는 예배는 정직하고 가식 없는 예배입니다. 사람들 앞에 창피당하는 것을 겁내지 마십시오. 성경에서 축복받은 사람들은 다 창피를 무릅쓰고 예수님 앞에 뛰어나가 자신의 환부를 드러낸 사람들이었습니다. 군중들 속에 숨어 있던 자들은 그 기회를 놓쳤습니다. 다른 사람들에게 필요한 하나님은 내가 잘나갈 때 만난 하나님이 아니라 실패하고 망했을 때 만난 하나님입니다.

우리 하나님은 참으로 선하신 분입니다. 참으로 우리가 행복해지기를 바라실 뿐 아니라 그렇게 만들어 줄 능력을 가지신 분입니다. 하나님을 짐으로 여기지 마십시오. 그 하나님이 나를 사랑하신다는 것을 믿고 용기를 내서 일어나십시오. 옆 사람이 뭐라고 하든 두려워하지 말고 내 속에 있는 병든 것들과 실패한 것들을 전부 내놓고 주님의 이름을 부르십시오. 그러면 친히 나를 치료하시며, 온전케 하시고, 에돔의 복과는 다른 비밀스러운 복으로 채워 주실 것입니다.

2

부흥의 필요성

말라기 1:7-14

1:7 "너희가 더러운 떡을 나의 단에 드리고도 말하기를 '우리가 어떻게 주를 더럽게 하였나이까?' 하는도다. 이는 너희가 '주의 상은 경멸히 여길 것이라' 말함을 인함이니라.

8 만군의 여호와가 이르노라. 너희가 눈먼 희생으로 드리는 것이 어찌 악하지 아니하며 저는 것, 병든 것으로 드리는 것이 어찌 악하지 아니하냐? 이제 그것을 너희 총독에게 드려 보라. 그가 너를 기뻐하겠느냐? 너를 가납하겠느냐?

9 만군의 여호와가 이르노라. 너희는 나 하나님께 은혜를 구하기를 '우리를 긍휼히 여기소서' 하여 보라. 너희가 이같이 행하였으니 내가 너희 중 하나인들 받겠느냐?

10 만군의 여호와가 이르노라. 너희가 내 단 위에 헛되이 불사르지 못하게 하기 위하여 너희 중에 성전 문을 닫을 자가 있었으면 좋겠도다! 내가 너희를 기뻐하지 아니하며 너희 손으로 드리는 것을 받지도 아니하리라.

11 만군의 여호와가 이르노라. 해 뜨는 곳에서부터 해 지는 곳까지의 이방 민족 중에서 내 이름이 크게 될 것이라. 각처에서 내 이름을 위하여 분향하며 깨끗한 제물을 드리리니 이는 내 이름이 이방 민족 중에서 크게 될 것임이니라.

12 그러나 너희는 말하기를 '여호와의 상은 더러웠고 그 위에 있는 실과 곧 식물은 경멸히 여길 것이라' 하여 내 이름을 더럽히는도다.

13 만군의 여호와가 이르노라. 너희가 또 말하기를 '이 일이 얼마나 번폐스러운고?' 하며 코웃음하고 토색한 물건과 저는 것, 병든 것을 가져왔느니라. 너희가 이같이 헌물을 가져오니 내가 그것을 너희 손에서 받겠느냐? 여호와의 말이니라.

14 떼 가운데 수컷이 있거늘 그 서원하는 일에 흠 있는 것으로 사기하여 내게 드리는 자는 저주를 받으리니 나는 큰 임금이요 내 이름은 열방 중에서 두려워하는 것이 됨이니라. 만군의 여호와의 말이니라."

1:7-14

사람들은 이른바 '실세' 쪽으로 기울기 쉽습니다. 선거철만 되면 '철새 정치인' 들이 많이 생겨나는 이유도 거기 있습니다. 자기가 따르던 사람이나 정당을 떠나 현실적으로 유리하다고 생각되는 사람이나 정당으로 옮겨 가는 것입니다. 비단 정치인들뿐 아니라 보통 사람들도 어느 정도는 그렇게 현실적인 선택을 내리게 마련입니다.

요즘 우리나라는 주변 강대국들 중에 어느 나라와 더 긴밀히 협력할 것인가를 놓고 갈팡질팡하고 있는 것 같습니다. 지금까지는 미국이 절대적인 우방이었지만, 이제는 그 관계가 변하고 있습니다. 미국보다는 북한을 가깝게 느끼는 사람들이 늘고 있으며, 현실적으로 중국이 우리나라 경제에 더 도움이 된다고 생각하는 사람들도 많이 있습니다. 이렇게 여러 나라 사이에서 갈팡질팡하는 것은 우리 같은 약소국가가 피할 수 없는 일인지도 모릅니다. 우리에게 중요한 질문은, 이러한 위기 속에서 나라와 민족을 살릴 수 있는 대안을 우리 믿는 자들이 제시할 수 있느냐 하는 것입니다.

오늘 우리는 말라기 당시에 유다 백성들이 취했던 입장을 통해 그 대답을 찾아볼 수 있습니다. 그 당시 유다 백성들은 아직 나라를 되찾지 못한 약소민족이었습니다. 그런데 세계는 그들이 정신을 차릴 수 없을 정도로 격동하고 있었습니다. 유다를 멸망시킨 바벨론은 메대와 페르시아에게 망했고, 페르시아는 알렉산더의 마케도니아에게 망했습니다. 그리고 알렉산더 사후에 마케도니아는 네 지역으로 분할되었으며, 그 와중에 로마라는 대제국이 등장했습니다.

예루살렘으로 돌아온 유다 백성들은 하나님께 드리는 예배만으로는 도저히 자신들을 지킬 수 없다고 생각해서 이방 총독에게 예물을 바치는 데 신경을 썼습니다. 그렇다고 제사를 아주 빼먹거나 중단해 버린 것은 아닙니다. 그러나 그 제사는 마음이 없는 형식으로 전락하고 말았습니다. 하나님은 "너희가 나에게 바치는 제물들을 총독에게 한번 바쳐 보라"고 말씀하십니다. 그러면 총독이 기쁘게 받겠느냐고 물으시면서, 하나님이야말로 온 세상에서 가장 높임을 받으실 분임을 일깨우십니다. 어떻게 보면 그런 상황에서 제사를 아주 중단하지 않은 것만도 대단한 일이었을지 모릅니다. 그러나 하나님은 그들의 형식적인 제사를 책망하셨습니다. 그들의 예배는 간절한 마음도, 성령의 불도 없는 죽은 예배에 불과했습니다.

오늘날 사람들은 대체 어느 쪽에 줄을 서야 목숨을 부지하며 부와 명성을 얻을 수 있을지 고민하고 있습니다. 자신의 모든 운명과 민족의 미래가 오직 하나님의 손에 달려 있다고 믿는 사람들은 상황이 어려워질수록 더 간절한 마음으로 예배드릴 것입니다. 그러나 자신의 행복이 능력이나 운이나 어떤 실세에게 달려 있다고 생각하는 사람은 예배를 소홀히 하고 유리한 쪽에 줄을 서기 위해 달려갈 것입니다.

오늘 본문은 하나님께 드리는 예배가 얼마나 중요한지에 대해 이야기하고 있습니다. 형식적인 예배는 마치 부실공사로 지은 건물과 같습니다. 한때 부실공사 문제로 나라 전체가 시끄러웠던 적이 있습니다. 그때 텔레비전 화면에 비친 건물 내부는 우리가 보기에도 너무나 한심한 것이었습니다. 가장 단단하게 세워져야 할 콘크리트 기둥에 스티로폼과 쓰레기들이 마구 섞여 있었습니다. 그런 식으로 지으니까 완공된 지 얼마 되지도 않은 건물 벽에 금이 가고 물이 새며 심지어 흔들리기까지 하는 것입니다. 부실공사의 문제는 단지 건물이 튼튼하지 못한 데서 끝나지 않습니다. 잘못 지은 건물 때문에 자칫하면 수많은 사람들이 목숨을 잃을 수 있습니다.

그러한 건물 부실공사보다 더 심각한 것이 영적인 부실공사입니다. 외형적으로만 보면 한국 교회가 크게 성장했고 교인의 수도 많아진 것 같지만, 실제로 하나님과의 관계는 너무 부실해졌습니다. 그 중에서도 가장 심각한 것이 예배의 부실화입니다. 아무 감동이 없는 형식적이고 무의미한 예배가 수없이 드려지고 있습니다. 그러면 성도들의 삶도 따라서 부실해질 수밖에 없습니다. 말씀을 제대로 듣지 못하는 갈등과 답답함이 있을 뿐 아니라 교회 내부에도 분열과 다툼이 있으며 외부적으로도 사회 전체가 어려움을 겪을 때, 성도들은 도대체 어떻게 살아야 할지 몰라서 헤매고 방황하게 됩니다.

예배에 나타난 부실공사

유다 백성들의 영적 부실함은 제사에서 가장 먼저 나타났습니다. "너희가 더러운 떡을 나의 단에 드리고도 말하기를 '우리가 어떻게 주를 더럽게 하였나이까?' 하는도다. 이는 너희가 '주의 상은 경멸히 여길 것이라' 말함을 인함이니라"(1:7).

선지자는 먼저 하나님께 드리는 떡에 대해 책망합니다. 유다 백성들이 하나님께 바치는 떡에는 두 종류가 있었습니다. 한 가지는 성소에 진열해 놓는 진설병이었고, 다른 한 가지는 감사제로 드리는 소제의 떡이었습니다. 진설병은 하나님 앞에 자신들을 드린다는 것을 상징하는 떡이었습니다. 이 거룩한 떡처럼 그들도 하나님 앞에 거룩한 사람이 되면 하나님이 그들을 지켜 주시며 삶의 다른 부분들에서도 축복해 주실 것이 약속되어 있었습니다. 또한 소제는 추수한 첫 열매를 바치는 제사였습니다. 무엇이든지 첫 열매는 귀한 것입니다. 첫 열매를 바치는 것은 곧 모든 열매를 바치는 것과 같습니다.

그런데 7절은 이들이 하나님께 "더러운 떡"을 드렸다고 말하고 있습니다. 이것은 떡 자체가 더럽고 불결하다는 뜻일 수도 있고, 그 떡을 만든 재료가 깨끗지 못하다는 뜻일 수도 있습니다. 예를 들어 첫 열매가 아닌 오래된 곡식으로 만든 떡이나 상해서 곰팡이가 핀 떡을 드렸다는 것입니다.

떡뿐 아니라 그들이 바친 짐승도 깨끗지 못한 것들이었습니다. "만군의 여호와가 이르노라. 너희가 눈먼 희생으로 드리는 것이 어찌 악하지 아니하며 저는 것, 병든 것으로 드리는 것이 어찌 악하지 아니하냐? 이제 그것을 너희 총독에게 드려 보라. 그가 너

를 기뻐하겠느냐? 너를 가납하겠느냐?"(1:8)

그들이 드린 제물의 숫자에는 모자람이 없었지만, 자세히 살펴보면 전부 눈먼 것이나 저는 것이나 병든 것들이었습니다. 하나님은 그것들을 총독에게 한번 바쳐 보라고 하십니다. 그러면 기뻐하면서 받겠느냐고 물으십니다. 이처럼 유다 백성들이 하나님께 바친 제물은 형식은 그럴듯해도 내용은 전부 엉터리였습니다. 그들은 사람도 받지 않을 제물을 하나님께 바쳤습니다.

왜 그들의 제사가 이 정도로 변질되어 버렸을까요? 아마도 그들은 하나님이 직접 잡수실 것도 아니고 어차피 태워 버릴 제물이니 나쁜 것을 바쳐도 상관이 없다고 생각했던 것 같습니다. 그러나 그보다 더 중요한 이유는 자신들의 모든 일을 결정짓는 주체가 하나님이 아니라 이방 총독이라고 생각한 데 있었습니다. 총독은 말 한마디로 자신들의 생사를 좌우할 수 있었습니다. 그러나 하나님께는 아무리 제사를 드려도 응답이 나타나지 않았습니다.

그들의 제사가 변질되고 타락한 것은 이처럼 영적으로 침체한 데 원인이 있었습니다. 부흥의 시기에는 기도가 응답되고 찬송에 권세가 있으며 예배에도 뜨거움이 있지만, 영적으로 침체하면 아무리 예배를 드려도 응답이 없기 때문에 결국은 예배가 형식적인 것이 되어 버립니다. 우리 생각에는 침체했을 때 형식적인 예배라도 드리는 것이 대단한 일 같지만, 하나님 보시기에는 결코 정상적인 상태가 아닙니다.

제사는 죄인들이 절대자이신 하나님 앞에 나아가는 방법으로서, 그 방법을 생각해 낸 것은 우리가 아니라 하나님입니다. 원래 우리 인간은 의로우신 하나님 앞에 나아갈 수 없습니다. 그런데 아무리 무서운 죄인도 제사를 통해 나아가면 죄 없는 사람으로 여겨서 만나 주기로 약속하신 것입니다. 사실 아무리 정성껏 제사를 드리고 수많은 짐승의 피를 흘린다 해도 인간은 하나님께 받아들여질 수 없는 존재입니다. 그러나 하나님은 "그런 것은 걱정하지 말고 마음이 담긴 제사, 첫 열매의 제사를 드려라. 그러면 내가 은혜로 너희를 용납해 주겠다"라고 말씀하셨습니다.

제사장의 가장 중요한 역할은 이처럼 하나님이 그 백성들을 은혜로 만나 주시도록 돕는 것이었습니다. 그들은 백성들이 더러운 떡, 눈먼 제물을 가져올 때 "이것은 저주받을 일이다. 하나님이 원하시는 것은 이 제물 자체가 아니라 너희의 마음이며, 제사 자체가 아니라 제사로 깨끗이 함을 받은 후에 말씀을 듣고 순종하는 것이다"라고 가르쳐야 했습니다.

그런데 문제는 제사장들도 타락해 버렸다는 것입니다. 그들이 하나님을 두려워했다면 이런 제물을 받았을 리가 없습니다. 제사장은 죄에 대해 자꾸 가르쳐야 할 사람들입니다. 그래야 예배가 부패하지 않습니다. 그러나 유다의 제사장들은 죄에 대해 가르치지 않았습니다. 왜냐하면 하나님보다 사람을 더 사랑했기 때문입니다.

예를 들어 술집에서 일하는 여성이 헌금을 가져왔다고 합시다. 그럴 때 제사장은 "당신이 해야 할 일은 헌금을 바치는 것이 아니라 그 직업을 포기하는 것입니다"라고 분명히 말해 주어야 합니다. 그런데 그 여성이 술집을 그만두면 당장 먹고살 길이 없다는 것을 아니까 차마 그만두라는 말을 하지 못하고 그냥 축복 기도만 해서 보내는 것입니다. 그것은 더러운 떡을 하나님께 바치는 행동입니다.

또 어떤 사람이 부정한 방법으로 돈을 많이 벌어서 헌금을 바치기 위해 찾아왔다고 합시다. 그런데 마침 성전 수리를 하느라 돈이 많이 필요한 데다가 양식이 없어 굶고 있는 제사장들도 여럿 있습니다. 그럴 때 과연 "이 돈 도로 가져가십시오. 이런 헌금을 바치면 축복을 받는 것이 아니라 오히려 심판을 받습니다"라고 말할 수 있겠습니까? 대개는 부정한 돈인 줄 알면서도 받아서 성전도 수리하고 양식도 구할 것입니다.

제사장들뿐 아니라 일반 백성들도 하나님이 얼마나 크고 두려우신 분인지 알지 못했습니다. 하나님은 축복만 내리시는 분이 아니라 무서운 저주도 내리시는 분이라는 것, 하나님 앞에서는 티끌만한 죄도 용납되지 않는다는 것을 몰랐습니다. 제사장들이 가르쳐 주지 않았기 때문입니다.

하나님의 백성들에게 중요한 일은 많은 제사를 드리는 것이 아니라 하나님 앞에 깨끗한 양심으로 서는 것입니다. 죄를 지었으면 지었다고, 말씀대로 살지 못했으면 살지 못했다고 눈물로 고백하는 것입니다. 그러면 다시 살아날 길이 생깁니다. 그런데 유다 백성들은 죄에 대해 배우지 못했기 때문에 제사를 일종의 거래로 생각했습니다. '내가 이만큼 바치면 하나님도 내 성의를 보시고 이만큼 축복해 주시겠지' 라고 생각한 것입니다.

우리가 안고 있는 산더미 같은 문제가 해결되는 일보다 더 중요한 일이 무엇입니까? 하나님이 우리를 받아주시는 것입니다. 하나님이 진노의 눈이 아니라 은혜의 눈으로 우리를 바라보시며 우리 가운데 임재하시는 것입니다. 그러면 백만 대군을 얻은 것보다 더 큰 힘을 얻을 수 있습니다. 하나님 자신이 큰 능력이요 축복이시기 때문입니다.

하나님은 누구와도 거래하시지 않습니다. 아니, 거래하실 필요가 없습니다. 세상 모든 것이 하나님의 것이고 심지어 우리 생명도 하나님의 것인데 무엇 때문에 우리와 거래를 하시겠습니까?

오늘날에도 기도나 예배나 헌금을 거래로 생각해서, 자신이 성의를 보이면 보일수록 하나님도 더 많이 축복해 주시며 관심을 기울여 주실 것처럼 생각하는 사람들이 있습니다. 그러나 절대 그렇지 않습니다.

우리는 예배드릴 때마다 '나는 이 예배로 인해 살 수도 있고 죽을 수도 있다. 하나님은 굉장히 크신 분이다. 하나님은 형식적인 예배를 원하시는 것이 아니라 내 마음을 원하신다'라는 것을 생각해야 합니다. 예배는 나의 상한 마음을 드리는 것입니다. 사람들과 부대끼면서 상한 마음, 죄 때문에 썩은 마음, 욕심으로 비린내를 풍기는 마음을 하나님 앞에 내놓는 것입니다. 헌금도 마찬가지입니다. 우리가 가진 것은 전부 하나님의 것입니다. 내 것은 하나도 없습니다. 그러니까 사실은 전부 드려야 마땅합니다. 그런데 우리도 세상에서 살아야 하기 때문에 일부만 하나님께 드리는 것입니다. 원래는 우리 소유뿐 아니라 우리 자신도 헌금통 안에 들어가 있어야 마땅합니다.

나라의 국방비는 거래의 대상이 될 수 없습니다. "군대에 그렇게 많은 예산을 투입했다면서 나한테 돌아오는 유익이 대체 뭐가 있어? 군인들 전부 우리 집에 와서 배추 뽑아 줘야 해. 파 심어 줘야 해"라고 말하면 안 됩니다. 개인에게는 직접적인 유익이 없다 해도 국방에 최우선적으로 예산이나 인원을 배치해야 합니다. 일단 나라가 안전해야 농사도 지을 수 있고 장사도 할 수 있고 공부도 할 수 있기 때문입니다.

그와 마찬가지로 우리가 하나님께 시간을 드리고 물질을 드리는 것은 우리의 존재 기반이 하나님께 있기 때문입니다. "내가 신앙생활 잘하니까 하나님도 내 문제를 해결해 주셔야 해"라고 말하는 것은 굉장히 잘못된 신앙입니다. 나의 개인적인 문제와 상관없이 하나님은 경배받기에 합당하신 분입니다. 그 사실을 고백하기 위해 예배도 드리고 헌금도 드리는 것입니다. 형식적으로 화려한 예배, 숫자를 채우는 예배보다 정직한 마음으로 드리는 예배가 더 중요한 이유가 여기 있습니다.

유다 백성들과 제사장들이 하나님을 이방 총독보다 못하게 대우한 이유가 무엇입니까? 여기 나오는 "너희 총독"은 스룹바벨이나 느헤미야 같은 유대인 총독이 아니라 그 후에 유다를 지배한 외국인 총독을 가리킵니다. 유다 백성들은 그들에게 최고로 좋은 것을 바쳤습니다. 기름기가 흐르고 눈이 초롱초롱한 양들과 싱싱한 첫 열매들을 가져다 바쳤어요. 그러니까 하나님께는 피부병 걸린 양, 저는 양, 눈먼 양, 두 번째나 세 번째 열매, 상한 열매들을 바칠 수밖에 없었던 것입니다. 그들이 이처럼 총독에게는 좋은 것을 바치고 하나님께는 시시한 제물을 바친 것은 자신들의 생사여탈권이 이방 총독에게 달려 있다고 생각했기 때문입니다. 즉, 하나님보다 이방 총독이 더 실세라고 생각했기 때문인 것입니다.

예를 들어 어떤 사람이 사업을 하는데 예배드리는 시간과 외국 바이어를 만나는 시간이 겹쳤다면 어떻게 하겠습니까? 고민은 좀 하겠지만 결국은 바이어를 만날 것입니다. 왜냐하면 처자식을 먹여 살리고 공장을 돌리는 데 바이어와의 상담이 더 중요하다고 생각하기 때문입니다. 유다 백성들도 자신들의 삶을 결정짓는 데 이방 총독이 더 중요한 역할을 한다고 생각해서 그들에게 가장 좋은 것을 가져다 바쳤습니다. 그래서 물질적인 이익은 얻고 생활의 안전은 보장받았을지 모릅니다. 그러나 예배는 부실해졌고 기도의 능력은 사라졌으며 영혼은 공허해졌습니다.

오늘날 우리는 아주 불안한 시대를 살아가고 있습니다. 이럴 때 우리는 삶의 안정성을 어디에서 찾고 있습니까? 입으로는 믿는다고 하지만 실제 삶에서는 하나님을 뒷전으로 밀어내 버렸다면, 있어도 그만 없어도 그만인 존재로 취급하고 있다면, 우리의 삶은 그 기초부터 무너져 있는 것입니다.

하나님의 반응

유다 백성들이 이처럼 현실에서 살아남기 위해 총독 앞에 줄을 섰을 때, 하나님은 어떻게 반응하셨습니까? "만군의 여호와가 이르노라. 너희는 나 하나님께 은혜를 구하기를 '우리를 긍휼히 여기소서' 하여 보라. 너희가 이같이 행하였으니 내가 너희 중 하나인들 받겠느냐? 만군의 여호와가 이르노라. 너희가 내 단 위에 헛되이 불사르지 못하게 하기 위하여 너희 중에 성전 문을 닫을 자가 있었으면 좋겠도다! 내가 너희를 기뻐하지 아니하며 너희 손으로 드리는 것을 받지도 아니하리라"(1:9-10).

유다 백성들과 제사장들은 아예 제물을 바치지 않는 것보다는 그래도 바치는 것이 낫다고 생각해서 더러운 떡과 병든 짐승들을 가져다 바쳤습니다. 예배 횟수나 제물의 숫자만 채우면 적어도 하나님이 자신들을 버리시지는 않을 것이라고 생각했기 때문입니다. 그러나 하나님은 "그래, 이해해 줄게"라고 말씀하시지 않았습니다. "나는 싫다! 예배가 두 번째, 세 번째, 네 번째 자리로 밀려나는 것이 싫다! 너희가 그런 예배를 드리지 못하도록 차라리 누가 성전 문을 닫아 버렸으면 좋겠다!"라고 분명히 말씀하셨습니다.

하나님은 유다 백성들을 가장 소중히 여기셨고 자신의 눈동자처럼 사랑하셨습니다. 그리고 유다 백성들도 하나님을 가장 소중히 여기며 사랑하기를 원하셨습니다. 오늘날 사람들은 양다리 걸치기를 좋아합니다. 어느 쪽에서든 도움을 받을 수 있도록 여기저기 관계 맺어 놓기를 좋아하는 것입니다. 지금 유다 백성들은 이방 총독과 하나님 양쪽에 다리를 걸치고 있습니다. 그러나 하나님은 그런 것을 싫어하십니다. 어떤 상황에서든지 하나님 한 분만 의지하기를 원하십니다.

또한 하나님은 기계적인 관계를 원치 않으십니다. 하나님이 우리에게 원하시는 것은 형식이 아니라 중심입니다. 그것이 하나님과 사람의 차이입니다. 하나님은 마치 펼쳐진 책을 보듯이 우리의 생각과 감정을 전부 읽고 계십니다. 우리는 하나님을 사람의 차원에서 생각해서 기도하는 소리가 커야 들으시고 기도하는 시간이 길어야 들으실 것처럼 여길 때가 많습니다. 그러나 하나님은 마음이 없는 형식적인 종교행위는 절대 용납지 않겠다고 말씀하십니다. "이렇게 형식적인 예배는 아무도 드리지 못하도록 누가 문을 닫아 버렸으면 좋겠다!"라고 분명히 말씀하십니다.

오늘 본문을 보면 하나님과 유다 백성들 사이에 전혀 의사소통이 이루어지지 않고 있음을 알게 됩니다. 하나님은 "너희가 그런 식으로 예배를 드리는데 내가 너희 가운데 거할 수 있겠느냐?"라고 말씀하시는데, 백성들은 "하나님, 그게 무슨 말씀입니까? 우리는 최선을 다하고 있습니다. 우리가 언제 예배를 빼먹은 적이 있습니까? 제물의 숫자를 줄인 적이 있습니까? 떡을 바치지 않은 적이 있습니까?"라고 항의하고 있습니다. 하나님은 하나님대로 답답해하시고 백성들은 백성들대로 답답해하고 있는 것입니다.

문제는 떡 숫자 채우고 양 숫자 채우는 데 있지 않습니다. "너희가 그렇게 살기 힘들다면 양 안 바쳐도 되고 떡 안 바쳐도 된다. 그런 것은 전부 너희 총독에게나 가져다 주어라. 그런데 왜 마음은 내게 주지 못하는 것이냐?"라는 것이 하나님의 질문입니다. 하나님도 우리가 얼마나 힘들게 사는지 알고 계십니다. 그러니까 그런 형편을 정직하게 아뢰며 나아오라는 것입니다. "하나님, 정말 살기 힘듭니다. 좋은 짐승은 총독이 다 빼앗아 가서 바칠 것이 없고, 떡도 배고픈 아이들이 다 먹어 버려서 바칠 것이 없습니다. 그래서 이렇게 빈손으로 나아왔지만, 제 마음은 그렇지 않습니다. 제 마음으로는 하나님께 가장 귀한 것, 가장 좋은 것을 바치고 싶습니다"라고 기도하면 얼마든지 기쁘게 받으신다는 것입니다.

예배는 생명의 끈입니다. 예배가 타락하거나 변질되면, 아무리 다른 일을 잘해도 생명력이 생길 수가 없습니다. 부흥이 일어날 때 무엇보다 하나님과의 관계에 먼저 변화가 일어나는 이유가 여기 있습니다. 껍데기뿐인 형식과 위선은 하나님과 우리 사이를 가로막아서 하늘의 능력과 축복이 전달되지 못하게 합니다. 그러나 이 부분이 바로잡히면 곧바로 부흥의 불길이 타오르게 되어 있습니다.

하나님과 관계를 회복하는 가장 좋은 방법이 무엇입니까? 말씀을 읽고 연구하는 것입니다. 그러면 끊어졌던 의사소통의 통로가 다시 연결됩니다. 요시야 왕 때 성전을 수리하다가 두루마리 율법책을 발견했습니다. 그 율법책을 읽은 왕과 제사장들은 자신들이 관행적으로 해 오던 일이 말씀에서 얼마나 크게 벗어난 것이었는지 깨닫고 통곡했습니다. 축복받고자 열심을 냈던 일들이 전부 저주받을 것이었음을 깨닫고 통곡한 것입니다. 그래서 말씀이 중요합니다. 말씀은 별개로 보였던 하나님과 현실을 연결시키며, 끊어져 있던 하나님과 우리 사이의 전화선을 연결해 줍니다.

위대한 부흥은 열심에서 비롯되지 않습니다. 아무리 열심히 예배드리고 많은 헌금을 바쳐도 거기에는 더러운 것이나 인간적인 생각이 섞이게 마련입니다. 우리는 완전히 깨끗할 수가 없습니다. 깨끗한 몸과 마음으로 예배드리려고 목욕도 하고 마음도 잘 준비해서 교회에 왔다가도 누가 발을 밟거나 차를 긁으면 당장 마음이 상해 버리는 것이 우리 인간의 모습입니다. 그렇기 때문에 말씀이 필요한 것입니다. 말씀을 붙들면 그 말씀으로부터 능력이 나와서 아무리 애를 써도 이룰 수 없었던 거룩을 이루게 해 줍니다.

무조건 모든 것을 바꾸는 것이 개혁은 아닙니다. 하나님과 우리 사이를 가로막고 있는 전통이나 형식의 걸림돌을 제거해서 통로를 완전히 깨끗하게 만드는 것이 진정한 개혁입니다. 그러려면 하나님의 말씀을 있는 그대로 듣고, 우리 상태도 있는 그대로 말씀드려야 합니다. 말씀에서 벗어난 부분과 멸망할 죄가 보이면 애통하고 회개해야 하며, 버릴 것은 버리고 결단할 것은 결단해야 합니다. 하나님 대신 세상을 사랑했던 부분들을 진심으로 뉘우치고 회개하면 깨끗지 못한 다른 부분들까지 깨끗하게 씻어 주십니다. 우리 힘으로는 100퍼센트 정결해질 수 없습니다. 오직 말씀을 붙들고 우리의 부족함을 기도로 내놓을 때, 하나님의 능력으로 깨끗해지는 것입니다.

우리가 하나님께 예배드리는 것은 치료받기 위해서, 수술받기 위해서입니다. 그렇기 때문에 예배 시간에 내 모든 삶을 하나님 앞에 내놓아야 하며, 내가 붙들고 있는 문제와 근심하고 있는 일들을 전부 내놓아야 하는 것입니다. 우리는 예배드릴 때마다 "아, 하나님! 당신을 믿습니다. 이 힘든 문제들을 전부 맡기니 알아서 처리해 주십시오. 저는 이 문제들에 대해 다시는 염려하지 않겠습니다"라고 말씀드려야 합니다.

이렇게 진심으로 하나님께 나아갈 때 예배가 살아나고 부흥의 역사가 시작됩니다. '하나님께 모든 능력이 있다'라고 생각하면 예배 시간에 잡념이 생기지 않습니다. 그런데 '이 문제는 예배 후에 누구를 만나서 어떻게 풀어야 하고 저 문제는 또 누구를 만나서 어떻게 풀어야 하고……' 하면서 자신이 문제를 붙들고 있으면 예배 시간에 도대체 무슨 말씀을 들었고 무슨 찬송을 불렀는지 기억이 나지 않습니다. 이렇게 예배 시간에 치료받지 못한 사람은 결국 죄를 그대로 지닌 채 살게 되고, 다음 번에 또다시 죄 지은 모습으로 나아오게 됩니다.

어떻게 하면 하나님이 기뻐 받으시는 존재가 될 수 있을까요? 어떻게 하면 기도하자마자 응답받는 복된 백성이 될 수 있을까요? 고통스럽더라도 하나님의 책망을 들어야 하고, 힘들더라도 말씀을 붙들고 살아야 합니다. 그러면 요란하게 많은 예물을 드리지 않아도 하나님이 친히 우리 가운데 임재하시며 은혜로 우리를 지켜 주실 것입니다.

영적 부실공사의 원인

유다 백성들이 이처럼 영적 부실공사를 한 원인이 무엇입니까? 하나님 앞에서 자신의 모습을 생각하지 않았기 때문입니다. 죄 문제가 해결되지 않은 상태에서 다른 일들을 하면 부실공사가 될 수밖에 없습니다. 죄 문제가 해결되지 않은 상태에서 봉사하고, 죄 문제가 해결되지 않은 상태에서 찬양 사역을 하며, 죄 문제가 해결되지 않은 상태에서 사회사업을 하면 전부 부실공사가 될 수밖에 없는 것입니다. 그러면 어느 한 순간에 자신도 모르게 무너져 버립니다. 우리는 어느 정도 유명해졌을 때 도덕적으로 무너지는 사람들을 자주 봅니다. 그 원인이 무엇입니까? 죄 문제가 해결되지 않은 상태에서 유명해졌기 때문입니다.

우리 속에 있는 죄는 다른 어떤 것으로도 통제되지 않는 힘을 가지고 있습니다. 죄의 정욕이 한번 발동되면 지식으로도 막을 수가 없고 수양으로도 막을 수가 없습니다. 죄를 이길 수 있는 방법은 오직 말씀으로 자신을 죽이는 것뿐입니다. 그 외에는 죄의 정욕을 이길 방법이 없습니다. 그래서 예수님의 십자가가 위대한 것입니다. 십자가에는 우리의 혈기와 정욕을 죽이는 능력이 있습니다.

죄를 짓는 순간에 사람들은 마치 눈에 무언가 씐 것처럼 분별력을 잃어버립니다. 평소에는 도저히 용납할 수 없었던 일들이 전부 괜찮아 보이고 그럴듯해 보입니다. 마치 누군가 귀에 대고 속삭이는 것 같습니다. '괜찮아. 이 정도가 무슨 죄라고. 이게 죄라면 세상에 죄 아닌 게 없겠다!' 그래서 그 속삭임에 따라 죄를 짓고 나면 어떻게 됩니까? 엄청난 두려움과 양심의 가책이 밀려옵니다.

자신이 얼마나 무서운 죄인인지 아는 사람에게는 하나님께 죄 사함을 받고 용납받는 것이야말로 세상에서 가장 기쁜 일입니다. 그러나 죄의 심각성을 모르는 사람은 부실공사를 할 수밖에 없습니다. 그래서 자기 나름대로는 열심히 살았다고 생각했는데, 어느 한 순간 모든 것이 와르르 무너지는 일이 발생합니다. 그렇기 때문에 지혜로운 사람은 절대로 인간을 믿지 않습니다. 자기 자신이든 다른 사람이든 인간을 믿으면 부실공사를 할 수밖에 없음을 알기 때문입니다. 우리가 믿어야 할 것은 오직 하나님과 그분의 말씀뿐입니다.

유다 백성들은 죄 문제를 해결하지 못한 상태에서 너무나도 빨리 세계정세에 적응하고자 했습니다. 세상은 급변하고 있었습니다. 페르시아 같은 강대국이 하루아침에 무너지고 알렉산더라는 젊은 영웅이 등장하더니, 그가 세운 제국조차 그의 사후에 넷으로 갈라지고 늑대 젖을 먹고 자랐다는 로물루스의 후예들이 세력을 키우고 있었습니다. 이처럼 예배만 드리면서 살기에는 세계가 너무나 빨리 움직이고 있었습니다. 그래서 그들은 어떻게 해서든지 인간 총독에게 잘 보이는 것이 현실적으로 더 중요하다고 생각했던 것 같습니다.

그런데 하나님은 무엇이라고 말씀하십니까? "만군의 여호와가 이르노라. 해 뜨는 곳에서부터 해 지는 곳까지의 이방 민족 중에서 내 이름이 크게 될 것이라. 각처에서 내 이름을 위하여 분향하며 깨끗한 제물을 드리리니 이는 내 이름이 이방 민족 중에서 크게 될 것임이니라"(1:11).

정치적으로 볼 때 유다는 강대국들의 물결에 휩쓸려 이리저리 방황하는 나뭇잎 같습니다. 그러나 영적으로 보면 장차 전 세계에 세워질 교회의 중심지입니다. 유다 백성들이 몰랐던 사실이 무엇입니까? 이방 총독이나 다리오나 알렉산더 같은 왕들은 전부 하나님의 손에 붙들려 사용되는 인형에 불과하다는 것입니다. 꼭두각시 인형들은 줄과 막대기를 잡아당기는 대로 움직이게 되어 있습니다. 그처럼 유명한 사람들, 힘 있는 사람들을 마음대로 움직이시는 분은 하나님입니다. 역사는 그분의 결정에 따라 진행되게 되어 있습니다. 그런데 그 하나님이 역사의 중심에 교회를 세우기로 작정하고 계시는 것입니다.

어떤 사람이 회사에 갓 입사했습니다. 그는 자기 직속 상관인 계장에게는 열심히 아부를 했지만, 회사 이곳저곳을 어슬렁거리며 휴지를 줍는 노인은 함부로 대했습니다. 그런데 나중에 알고 보니 그 노인이 바로 그 회사의 회장이었습니다. 결국 그는 최고 결정권자는 무시하고 아무 힘도 없는 계장만 붙들고 늘어진 꼴이 되었습니다. 지금 유다 백성들이 바로 그런 사람과 같습니다. 하나님은 그들의 어리석음을 깨우치고 계십니다. "얘들아, 뇌물을 바치려면 제대로 바쳐라. 왜 꼭두각시들에게 쓸데없이 가져다 바치는 거냐? 그럴 여유가 있으면 차라리 가난한 이웃들에게 나누어 주거라."

하나님은 어떤 사람들을 중심으로 세상을 회복시키십니까? 말씀을 붙들고 기도하는 소수의 성도들입니다. 그들이야말로 세상의 중심 중에 중심입니다. 그런데 우리는 성령의 축복보다 물질적인 축복을 더 추구할 때가 많습니다. 성령 충만하다고 돈이 생깁니까, 집이 생깁니까, 차가 생깁니까? 그러니까 그보다 수천 배 수만 배 귀중한 성령의 약속을 쥐고 있으면서도 만족하지 못하고 사람들을 쫓아다니며 아부하는 것입니다. 그런 사람들은 마치 다

이아몬드와 눈깔사탕을 바꾸고 기뻐하는 아이들과 같습니다. 그들은 말합니다. "하나님, 성령님은 필요 없고요, 늑대 젖이나 주세요. 우리도 늑대 젖 먹고 자란 저 사람들처럼 살고 싶어요."

하나님은 유다 백성들이 예배를 드리면서 하는 말들을 다 듣고 계셨습니다. "그러나 너희는 말하기를 '여호와의 상은 더러웠고 그 위에 있는 실과 곧 식물은 경멸히 여길 것이라' 하여 내 이름을 더럽히는도다. 만군의 여호와가 이르노라. 너희가 또 말하기를 '이 일이 얼마나 번폐스러운고?' 하며 코웃음하고 토색한 물건과 저는 것, 병든 것을 가져왔느니라. 너희가 이같이 헌물을 가져오니 내가 그것을 너희 손에서 받겠느냐? 여호와의 말이니라"(1:12-13).

하나님의 마음을 더욱 아프게 한 것은 그들이 제사를 드리면서 하는 말들이었습니다. 아무도 없을 때 내뱉은 말들이 비수가 되어 하나님의 마음을 찔렀습니다. "하나님의 상은 이미 더럽혀졌어. 이미 더럽혀진 상에 더러운 예물을 바치는 게 무슨 문제가 되겠어? 예배는 정말 귀찮은 일이야. 완전히 고문이라니까!"

하나님은 우리가 입으로 하는 말과 속으로 하는 말을 다 듣고 계십니다. 상황이 어려울 때 우리 입에서 흘러 나오는 말이야말로 진정한 신앙고백입니다. 가끔 마이크가 켜 있는 줄도 모르고 함부로 말했다가 그 말이 방송되는 바람에 곤욕을 치르는 사람들이 있습니다. 우리도 하나님 앞에 우리 말이 전부 방송되고 있는 줄도 모르고 "이 일이 얼마나 번폐스러운고?", "설교가 왜 이리 긴고?", "저 사람은 왜 저리 시끄럽게 기도하는고?" 하면서 불평하며 비판할 때가 많습니다. 하나님은 그런 소리를 다 들으면서 마음 아파하십니다.

유다 백성들이 왜 제사를 드리면서 그런 말들을 했을까요? 중심이 변화되지 않은 상태에서 신앙생활을 했기 때문입니다. 거듭나지도 않았는데 부모가 헌금 쥐어 주면서 억지로 등 떠밀어 보내니까 "예배는 대체 누가 만들었을꼬? 이 일이 왜 이리 번폐스러운고?" 하면서 마지못해 교회에 가는 것입니다. 또 너무 오랫동안 침체된 상태에서 억지로 신앙생활을 할 때에도 이런 말이 나오게 됩니다. 예배를 드리면 마땅히 하나님의 영광이 나타나고 사람들이 변화되는 역사가 일어나야 합니다. 그런데 너무 오랫동안 무미건조하게 침체된 상태에서 신앙생활을 한 사람들은 예배의 능력을 믿지 않을 뿐 아니라 아예 기대조차 갖지 않게 마련입니다.

지금 유다 백성들은 대단히 어려운 상황에 처해 있습니다. 독립의 가능성은 사라지고 또 다른 강대국이 그들을 지배하고 있습니다. 이제 그들은 새로운 환경에 적응해야 합니다. 그런 상황에서 예배를 드린다는 것이 무슨 의미가 있습니까? 새로운 상황에 적응하는 것만도 힘들고 바쁜데 예배까지 드린다는 것은 얼마나 귀찮고 번폐스러운 일입니까?

그러나 그들이 알았어야만 했던 사실이 있습니다. 그것은 하나님이 온 세상의 왕이시라는 것입니다. "떼 가운데 수컷이 있거늘 그 서원하는 일에 흠 있는 것으로 사기하여 내게 드리는 자는 저주를 받으리니 나는 큰 임금이요 내 이름은 열방 중에서 두려워하는 것이 됨이니라. 만군의 여호와의 말이니라"(1:14).

하나님은 수컷을 드리겠다고 했다가 나중에 아까운 마음이 들어서 흠 있는 것으로 바치는 자들에게 저주가 임하게 하겠다고 말씀하십니다. 이것은 서원을 가지고 그들에게 굴레를 씌우시겠다는 뜻이 아닙니다. 그들은 급한 일이 있을 때에는 서원을 했다가 그 일이 해결되고 나면 마음이 변해서 서원을 지키지 않는 경우가 많았습니다. 그 이유가 무엇입니까? 자기 뜻이 하나님의 뜻보다 앞섰기 때문입니다. 하나님의 백성들은 하나님을 앞질러서 맹세해서는 안 됩니다.

유다 백성들이 이 같은 침체에 빠진 가장 중요한 이유는 바른 말씀을 듣지 못한 데 있었습니다. 열심만으로는 오래 버틸 수도 없고 온전히 깨끗해질 수도 없습니다. 그런데 그들은 말씀은 소홀히 한 채 자기들의 열심만 믿었고, 그 결과 형식적인 예배에 빠지고 말았습니다.

말씀을 붙들지 않으면 세상으로 떠내려 가게 되어 있습니다. 외형적으로는 하나님의 백성이지만, 실제로는 억지로 예배드리는 것 외에는 세상 사람들과 똑같은 자들이 되어 버리는 것입니다.

지금은 부흥을 위해 간구해야 할 시기입니다. 말씀에 우리의 모습을 비추어 보며 애통하고 회개할 때, 하나님은 우리의 소리를 듣고 응답하실 것입니다.

사랑하는 성도 여러분, 하나님 앞에 마음을 모읍시다. 하나님께 세상 모든 일이 달려 있음을 믿고, 그 하나님께서 우리를 사랑하고 계심을 믿읍시다. 세상 사람들이 귀하게 생각하는 물질적인 축복보다 수천 배 수만 배 귀한 성령의 능력을 달라고 간구합시다.

3

파기된 레위의 언약

말라기 2:1-9

2:1 “너희 제사장들아, 이제 너희에게 이같이 명령하노라.

2 만군의 여호와가 이르노라. 너희가 만일 듣지 아니하며 마음에 두지 아니하여 내 이름을 영화롭게 하지 아니하면 내가 너희에게 저주를 내려 너희의 복을 저주하리라. 내가 이미 저주하였나니 이는 너희가 그것을 마음에 두지 아니하였음이니라.

3 보라, 내가 너희의 종자를 견책할 것이요 똥 곧 너희 절기의 희생의 똥을 너희 얼굴에 바를 것이라. 너희가 그것과 함께 제하여 버림을 당하리라.

4 만군의 여호와가 이르노라. 내가 이 명령을 너희에게 내린 것은 레위와 세운 나의 언약이 항상 있게 하려 함인 줄을 너희가 알리라.

5 레위와 세운 나의 언약은 생명과 평강의 언약이라. 내가 이것으로 그에게 준 것은 그로 경외하게 하려 함이라. 그가 나를 경외하고 내 이름을 두려워하였으며

6 그 입에는 진리의 법이 있었고 그 입술에는 불의함이 없었으며 그가 화평과 정직한 중에서 나와 동행하며 많은 사람을 돌이켜 죄악에서 떠나게 하였느니라.

7 대저 제사장의 입술은 지식을 지켜야 하겠고 사람들이 그 입에서 율법을 구하게 되어야 할 것이니 제사장은 만군의 여호와의 사자가 됨이어늘

8 너희는 정도에서 떠나 많은 사람으로 율법에 거치게 하도다. 나 만군의 여호와가 이르노니 너희가 레위의 언약을 파하였느니라.

9 너희가 내 도를 지키지 아니하고 율법을 행할 때에 사람에게 편벽되이 하였으므로 나도 너희로 모든 백성 앞에 멸시와 천대를 당하게 하였느니라” 하시니라.

2:1-9

집안에 예수 믿는 사람 하나 없이 혼자서 힘들게 신앙생활 하는 성도들이 있습니다. 그 중에는 자신의 신앙이 너무 보잘것없다고 생각해서 부끄러워하는 분들도 있을지 모릅니다. 그러나 하나님은 진실한 마음으로 믿는 그 한 사람을 찾으시며, 그와 언약을 맺음으로써 그 가족과 친척들의 생명과 안전을 지켜 주십니다. 성경은 이런 것을 '생명의 언약', '평화의 언약'이라고 부릅니다. 이런 점에서 볼 때 엉터리로 믿는 다수보다 제대로 믿는 한 사람의 존재가 얼마나 중요한지 모릅니다.

하나님은 구약 시대에 레위라는 한 사람을 찾으셨습니다. 그는 야곱의 아들로서 젊었을 때는 아주 혈기가 많았습니다. 그래서 누이동생이 가나안 족장의 아들에게 강간당하자 그 족속을 전부 살육해 버리기도 했습니다. 그러나 그 후에 레위는 하나님 앞에 철저하게 회개했던 것 같습니다. 하나님은 그와 언약을 맺으셨습니다. 그것은 레위 지파가 하나님 앞에서 바른 신앙을 지킬 때 이스라엘 전체의 생명과 안전을 지켜 주시겠다는 언약이었습니다. 그런데 오늘 본문에서 하나님은 레위 지파 제사장들이 바른 신앙을 버렸기 때문에 이스라엘의 생명과 평화도 깨뜨리겠다고 말씀하고 계십니다.

의사가 환자들의 생명을 책임지는 사람들인 것처럼 제사장들은 이스라엘의 생명과 평화를 책임지는 사람들이었습니다. 우리 사회에서 의사는 많은 존경을 받아 왔습니다. 의사야말로 환자들의 생명에 절대적인 영향력을 행사하는 사람들이기 때문입니다. 의사는 대부분 돈을 많이 버는 것으로 알려져 있지만, 설사 가난하고 돈이 없다고 해도 그 직업을 가진 것 자체만으로 충분히 존경받을 수 있습니다. 이발소에 머리를 깎으러 갔을 때에는 어떻게 깎아 달라고 주문할 수 있지만, 병원에 갔을 때에는 어떻게 치료해 달라고 주문할 수가 없습니다. 몸을 치료하는 것은 생명과 관련된 전문적인 영역이기 때문입니다.

오늘 본문에서 하나님은 말라기 시대의 제사장들을 책망하고 계십니다. 그것도 그냥 책망하시는 것이 아니라 완전히 묵사발을 만들고 계십니다. 하나님은 그들의 얼굴에 짐승의 똥을 바르며, 레위의 언약을 폐해서 제사장의 직분 자체를 빼앗아 버리겠다고 말씀하십니다. 그때까지만 해도 백성들은 제사장들을 거룩한 사람들로 여기고 있었습니다. 그러나 하나님은 "거룩한 사람들 좋아하시네. 너희가 뭐가 거룩하냐? 내가 너희 얼굴에 짐승의 똥을 바르고 오물과 함께 던져 버리겠다"라고 말씀하십니다. 다시는 하나님 앞에서 얼굴을 들고 제사를 드리지 못하게 할 뿐 아니라 사람들 앞에서도 얼굴을 들고 다니지 못하게 하겠다고 말씀하시는 것입니다.

제사장들에게는 하나님이 맡기신 사명이 있었습니다. 그러나 그들은 그 사명을 제대로 감당하지 못했기 때문에 직분을 빼앗길 것입니다. 그러면 어떤 결과가 나오게 되겠습니까?

제사장의 사명

우리 민족에게 가장 부담스러운 일은 호전적인 북한과 얼굴을 맞대고 있어야 한다는 것입니다. 그래서 우리나라 예산의 적지 않은 부분이 국방비에 할애되고 있습니다. 이스라엘 백성들에게 가장 부담스러운 일은 살아 계신 하나님을 늘 모시고 살아야 한다는 것이었습니다. 하나님을 모시고 사는 일이 왜 그리 부담스러울까요? 하나님은 거룩한 분으로서 작은 죄만 있어도 보좌로부터 심판과 재앙의 불이 나와 전부 태워 버리기 때문입니다. 그래서 성경은 하나님을 "소멸하는 불"에 비유하고 있습니다.

하나님은 이스라엘 백성 가운데 거하면서 그들을 축복하시며 그들을 통해 온 세상을 축복하기 원하셨습니다. 그런데 문제는 인간이 죄를 짓지 않을 때가 없으며 악한 생각을 하지 않을 때가 없다는 것입니다. 그렇기 때문에 그들이 하나님을 모시고 산다는 것은 언제 폭발할지 모르는 활화산을 끼고 사는 것과 같았습니다. 그런데도 그들이 무사할 수 있었던 것은 바로 제사장이 있었기 때문입니다.

제사장은 백성들의 죄를 짐승의 피로 덮어서 하나님이 보시지 못하게 하는 사람들이었습니다. 이스라엘 백성들은 항상 죄를 지었지만 하나님은 제사장들이 드리는 제사 때문에 그 죄를 보지 않으시고 축복해 주셨습니다. 이처럼 제사장은 소멸하는 불이신 하나님을 죄인들 가운데 거하시게 하는 사람들이며, 진노를 축복으로 바꾸는 사람들입니다. 이것이야말로 마술 중에 가장 큰 마술이 아닐 수 없습니다.

해리 포터 시리즈가 나온 이후, 어린이 드라마에 마술이 등장하는 장면을 흔히 볼 수 있습니다. 그런데 하나님은 인간이 상상해 낸 그런 마술이 아니라 진짜 놀라운 기적을 행하십니다. 모세가 바로 앞에 지팡이를 던졌을 때, 지팡이가 뱀으로 변했습니다. 그것은 뱀을 어디에 숨겨 놓았다가 몰래 던지는 마술이 아니라 진짜 지팡이가 뱀으로 변하는 기적이었습니다. 제사장들이 하는 일이 바로 그런 놀라운 기적을 일으키는 것이었습니다. 까만 얼굴을 하얗게 바꿀 수 있는 사람은 없습니다. 흰 분을 발라서 일시적으로 하얗게 분장시킬 수는 있지만, 피부 자체를 하얗게 바꾸어 놓을 수는 없습니다. 그런데 제사장들은 죄로 시커매진 마음을 눈보다 더 하얗게 만들 수 있는 사람들이었습니다. 하나님은 그들의 제사와 기도를 받으시고 죄인들의 죄를 없는 것처럼 여겨 주셨습니다. 그것이야말로 세상에서 일어날 수 있는 기적 중에 최고의 기적이었습니다.

하나님을 모르는 사람들은 제사장에 대해 '대체 성전에 처박혀서 뭐 하는 사람들인지 모르겠다' 라고 생각했을 수도 있습니다. 그러나 그들은 세상에서 가장 중요한 일을 하는 사람들, 세상에 임할 무서운 진노의 심판을 축복으로 바꾸는 사람들이었습니다. 그들은 일종의 백혈구 같은 존재였습니다. 우리 몸에 병균이 침투하면 백혈구가 싸워서 몰아내는 것처럼 이스라엘에 죄가 침투하면 그 죄와 싸워서 하나님의 심판을 막는 사람들이었던 것입니다. 이처럼 그들에게는 진노의 불을 은혜의 축복으로 바꾸어야 할 사명이 있었습니다.

5절을 보십시오. "레위와 세운 나의 언약은 생명과 평강의 언약이라. 내가 이것으로 그에게 준 것은 그로 경외하게 하려 함이라. 그가 나를 경외하고 내 이름을 두려워하였으며."

하나님이 레위와 "생명과 평강의 언약"을 맺으셨다는 것은 이스라엘이 죄인임에도 불구하고 레위 지파의 중재 때문에 그들을 멸망시키지 않고 계속 은혜를 내려 주셨다는 뜻입니다. 우리는 이 세상에 사는 한 죄를 짓지 않을 수가 없습니다. 우리의 마음 자체에 무서운 죄의 본성이 들어 있기 때문입니다. 독사는 혀 밑에 독이 있어서 자기가 원하든지 원하지 않든지 독이 흘러 나오게 되어 있습니다. 자기는 귀여워서 개구리를 살짝 깨물었는데 개구리는 독 때문에 그냥 죽어 버리는 것입니다. 그처럼 우리 마음속에도 죄의 독이 들어 있어서 우리가 원하든지 원하지 않든지 죄가 흘러 나오게 되어 있습니다. 그래서 우리가 사랑해서 한 행동에 상대방은 죽는 일이 일어나곤 합니다. 그런데 그 죄의 독을 해독하는 사람들이 누구입니까? 바로 제사장들입니다.

이처럼 제사장은 다른 이들의 죄를 책임지기 위해 존재하는 사람들이었습니다. 얼핏 보면 가장 고상한 직분인 것 같지만, 사실은 가장 힘들고 비참한 직분이었습니다. 제사장은 사람들이 지은 온갖 지저분한 죄의 이야기를 듣고 책임을 져야 했습니다. 마치 자신이 그 죄를 지은 것처럼 울면서 회개해야 했고, 수없이 많은 짐승을 죽여서 그 피로 죄를 덮어야 했습니다.

의사도 고상한 직업인 것 같지만 사실은 아주 험한 직업입니다. 볼 것 못 볼 것 다 보아야 하고, 온갖 신음 소리를 다 들어야 하며, 환자가 아프면 마치 자신이 아픈 것처럼 잠도 못 자고 돌보

아주어야 합니다. 의사를 고상한 직업으로 생각하고 의대에 진학한 사람은 금방 회의에 빠질 것입니다. 의사는 도살장에서 일하는 사람처럼 째고 깁고 피를 보아야 하기 때문입니다.

의사가 피를 무서워하면 안 되는 것처럼 제사장도 다른 사람의 죄에 대해 듣기 싫어하거나 짐승의 피 흘리기를 무서워하면 안 됩니다. 제가 어렸을 때 집안에 닭 잡을 일이 생기면 서로 하기 싫어서 남에게 미루곤 했습니다. 형들은 감수성이 예민한 사춘기라서 못 잡는다고 발뺌하고 동생은 어려서 못 잡는다고 도망치는 바람에 제가 많이 잡았는데, 아무리 여러 번 해도 그것은 쉬운 일이 아니었습니다. 하물며 자기 죄도 아니고 남의 죄 때문에 날마다 짐승을 죽여서 피를 흘려야 한다는 것은 결코 쉬운 일이 아니었을 것입니다.

그러나 그들이 그 쉽지 않은 일을 할 때 하나님은 생명과 평강을 지켜 주겠다고 약속하셨습니다. 제사장들이 정직하게 다른 사람들의 죄를 책임지며 피의 제사를 드릴 때 죽을 자들을 살려 주시며 전쟁이나 재앙을 평화로 바꾸어 주겠다고 약속하신 것입니다. 제사장은 이스라엘의 마지막 보루였습니다. 그들이 무너지면 이스라엘을 지킬 수가 없었습니다.

그런데 오늘 본문에서 하나님은 제사장들에게 무엇이라고 말씀하고 계십니까? "너희 제사장들아, 이제 이같이 너희에게 명령하노라. 만군의 여호와가 이르노라. 너희가 만일 듣지 아니하며 마음에 두지 아니하여 내 이름을 영화롭게 하지 아니하면 내가 너희에게 저주를 내려 너희의 복을 저주하리라. 내가 이미 저주하였나니 이는 너희가 그것을 마음에 두지 아니하였음이니라. 보라, 내가 너희의 종자를 견책할 것이요 똥 곧 너희 절기의 희생의 똥을 너희 얼굴에 바를 것이라. 너희가 그것과 함께 제하여 버림을 당하리라"(2:1-3).

하나님은 "너희는 내 말을 마음에 두지도 않고 나를 경외하지도 않고 내 이름을 영화롭게 하지도 않는다"라고 말씀하십니다. 이렇게 말씀하시는 이유가 무엇입니까?

제사장에게는 두 가지 태도가 필요합니다. 첫째는 하나님을 두려워하는 것입니다. 제사장의 사명은 하나님과 사람 사이에 중보자로 서는 것입니다. 그러나 사람보다는 하나님을 먼저 두려워해야 합니다. 제사장은 하나님의 거룩하심 때문에 존재하는 사람들이기 때문입니다. 그런데 그들의 갈등이 무엇입니까? 자신들도 죄인이면서 죄인들을 위해 기도해야 한다는 것입니다. 그 불가능한 일이 가능한 것은 하나님이 그들에게 제사장의 옷을 입혀 주셨기 때문이며, 언약으로 그들을 지켜 주셨기 때문입니다. 그러므로 그들은 거룩하신 하나님 앞에 항상 떨면서 나아가야 합니다.

둘째는 죄인을 불쌍히 여기는 것입니다. 하나님은 천사를 제사장으로 삼지 않으셨습니다. 천사는 죄를 지은 적이 없어서 죄인의 마음을 알 수가 없으며, 따라서 죄인의 심정으로 기도할 수 없습니다. 그러나 제사장은 본인 자신이 죄를 지은 사람이기 때문에 죄를 지을 수밖에 없는 백성들의 연약함을 품고 가슴을 찢으면서 제사를 드릴 수 있습니다. 동시에 그들은 죄를 엄하게 책망함으로써 다시는 같은 죄를 짓지 않도록 경계해야 했으며, 거짓된 태도로 나아오는 사람들과도 맞서 싸워야 했습니다.

그런데 유다의 제사장들은 어떻게 했습니까? 백성들이 저는 양, 눈먼 양, 병든 양들을 가져오는데도 아무 소리 없이 그것을 받아서 제사를 드렸습니다. 물론 좋은 양들을 다 빼앗겨서 병든 것들을 가져왔다면 아무 상관이 없습니다. 그런데 백성들은 이방 총독들에게 좋은 예물을 다 바쳐 버렸기 때문에 그런 제물들을 가져왔고, '이왕 태워 버릴 거, 좀 눈멀고 병들었으면 어때?' 라는 생각 때문에 그런 제물들을 가져왔습니다.

제사장들은 하나님의 마음으로 그런 자들을 엄히 꾸짖었어야 합니다. 하나님께 제사를 드리는 것은 마치 자기 자신을 드리는 것과 같기 때문에 그렇게 눈먼 것이나 저는 것이나 병든 것을 드리면 안 된다고 분명히 가르쳤어야 해요. 그러나 그들은 사람을 두려워했기 때문에 책망하지 못했습니다. 괜히 책망했다가 그나마 드리던 제사마저 드리지 않으면 자기들만 손해 아닙니까? 죄를 지어도 계속 교회에 나오는 것이 좋지, 괜히 책망해서 떠나게 하는 것이 좋겠습니까? 그러니까 사람들의 마음을 상하게 하지 않는 수준으로 말씀의 수위를 확 떨어뜨려 버린 것입니다.

하나님과 사람의 중간에 선다는 것은 참 어려운 일입니다. 하나님 쪽으로 가까이 가면 사람들이 싫어하고, 사람들 쪽으로 가까이 가면 하나님이 진노하십니다. 그래서 제사장은 늘 울 수밖에 없습니다. 한편으로는 하나님의 거룩하심을 생각하고 두려움에 떨면서 울 수밖에 없으며, 또 한편으로는 백성들의 연약함을 생각하고 그들을 불쌍히 여기면서 울 수밖에 없습니다. 이처럼 제사장은 하나님 앞에서는 백성들의 죄를 용서해 달라고 눈물로 간청하는 동시에 백성들 앞에서는 신랄하게 죄를 책망해야 할 사람들이었습니다. 그런데 유다의 제사장들은 완전히 사람 쪽으로 넘어가 버렸습니다. 하나님의 거룩하심은 무시한 채 백성들의 요구대로 형식적인 제사를 드리는 데 만족했습니다.

2절에서 하나님은 저주를 축복으로 바꾸는 능력을 그들에게서 빼앗겠다고 말씀하십니다. 믿는 자들에게는 특권이 있습니다. 그것은 우리가 남들을 축복할 때 실제로 그 축복이 이루어지는 특권, 남들의 죄를 짊어지고 기도할 때 실제로 그들에게 하나님의 은혜가 임하는 특권입니다. 그런데 하나님 앞에서 거룩함을 잃어버리면 그 특권도 사라져 버립니다. 얼굴에 똥칠이 되어 버리기 때문에 하나님이 우리의 기도를 들으시기는커녕 얼굴조차 쳐다보시지 않습니다.

예전에 어떤 교회에 갔는데 한 친절한 성도가 저를 위시한 모든 교역자들에게 푸짐한 식사를 대접했습니다. 그런 식사 기도는 늘 제 당번이기 때문에 그날도 그 고마운 사람을 위해 축복하면서 기도했습니다. 그런데 채 하루도 지나지 않아서 그 사람이 다른 여자와 살림을 차리고 있으며 그 사이에서 자식까지 낳았다는 말을 듣게 되었습니다. 그러자 전날 먹은 음식들이 속에서 춤을 추기 시작했습니다. 마치 하나님께서 "이 얼굴에 똥칠할 놈아, 네가 뭘 안다고 실컷 얻어먹고 복을 빌었느냐?"라고 꾸중하시는 것 같았습니다.

제사장은 사람 편에 서면 안 됩니다. 하나님이 은혜로 임하시게 하려면 사람을 두려워하지 말고 정직하게 하나님 앞에 나아가도록 가르쳐야 합니다. 그리고 사람들이 토해 낸 오물들과 지저분한 죄들을 끌어안고 하나님 앞에 나아가 통곡하면서 "하나님, 이것이 우리의 모습입니다. 우리 힘으로는 이런 죄들을 이길 수가 없습니다. 제발 저 형제를 용서해 주시고 우리를 용서해 주십시오"라고 간구해야 합니다. 그래야 하나님이 심판하시려던 손을 거두시고 저주를 축복으로 바꾸어 주시는 것입니다.

얼마 전에 읽은 글 중에 "회중석이 강단을 좌우한다"라는 표현이 있었습니다. 설교자가 하나님이 죄인들에게 주고자 하시는 말씀을 전하는 것이 아니라 회중이 듣고 싶어 하는 말을 전한다는 것입니다. 회중이 싫어할 만한 말은 전부 빼 버리고 재미있는 이야기나 성공한 사람들의 예화나 축복해 주는 말만 한다는 거예요. 그것은 성도들을 축복하는 길이 아니라 저주하는 길이며, 살리는 길이 아니라 죽이는 길입니다.

제사장에게 요구하시는 것

제사장의 바른 사명은 무엇입니까? "그 입에는 진리의 법이 있었고 그 입술에는 불의함이 없었으며 그가 화평과 정직한 중에서 나와 동행하며 많은 사람을 돌이켜 죄악에서 떠나게 하였느니라. 대저 제사장의 입술은 지식을 지켜야 하겠고 사람들이 그 입에서 율법을 구하게 되어야 할 것이니 제사장은 만군의 여호와의 사자가 됨이어늘"(2:6-7).

제사장은 전문가입니다. 무엇에 대한 전문가입니까? 하나님의 진리에 대한 전문가입니다. 그들의 입에서는 딱 한 가지 이야기만 나와야 합니다. 돈 버는 법, 공부 잘하는 법, 건강관리법, 출세하는 법에 대한 이야기가 나오면 안 돼요. 오직 진리의 법에 대한 이야기만 나와야 합니다.

또한 제사장은 "화평과 정직한 중에서" 하나님과 동행해야 합니다. 죄를 감추고 속이면 하나님과 갈등이 생기게 됩니다. 무슨 죄든지 정직하게 아뢰는 것이 하나님과 화평하게 동행하는 길입니다. 하나님께는 "너무 늦었다"라는 것이 없습니다. 육신의 병은 너무 늦어서 고칠 수 없는 경우가 있지만, 죄는 그런 경우가 없습니다. 언제든지 나아가서 정직하게 아뢰기만 하면 온전히 회복될 수 있습니다. 그런데 사람들이 '이런 죄는 하나님도 용서하지 않으실 거야' 라고 지레 판단하고 포기해 버리기 때문에 회복되지 못하는 것입니다.

물론 치료받는 과정은 쉽지 않습니다. 많은 고통이 따를 뿐 아니라 거의 죽을 것 같은 대수술을 받아야 할 때도 있습니다. 오로지 영혼만 살아나고 사회적으로는 완전히 폐인이 되는 대수술을 받고 나서야 치료될 때도 있다는 것입니다. 이처럼 그 과정은 쉽지 않지만 하나님 앞에 정직하게 내놓기만 하면 무슨 죄든지 사함받을 수 있습니다. 그런데 사람들은 남의 눈을 속이고 체면을 지키는 데만 급급하지, 하나님이 다 보고 계시며 알고 계신다는 생각은 하지 않는 것 같습니다. 이렇게 사람의 눈을 속이는 사람은 반드시 또 죄를 짓게 되어 있습니다. 그러나 하나님 앞에 정직하게 나아가서 철저하게 회개한 사람은 얼마든지 새롭게 변화될 수 있습니다.

제사장은 바로 그것을 가르쳐 줌으로써 백성들을 죄악에서 떠나게 하는 사람들입니다. 남들 앞에 좀 망신을 당한다 하더라도 하나님 앞에 정직하게 나아가는 것만이 살 길임을 가르쳐 주는 사람들입니다. 한 사람의 죄인이라도 설득해서 하나님께로 돌아오게 하는 사람들입니다. "대저 제사장의 입술은 지식을 지켜야 하겠고 사람들이 그 입에서 율법을 구하게 되어야 할 것이니 제사장은 만군의 여호와의 사자가 됨이어늘."

하나님의 말씀을 입에 담고 있는 제사장은 만군의 하나님의 사자이며 대리자입니다. 그러나 유다의 제사장들은 그 사실을 알지 못했습니다. 하나님이 사자로 불러 주셨다면 무엇이 두렵겠습니까? 가난이 두렵겠습니까? 사람들이 알아주지 않는 것이 두렵겠습니까? 권력이 없는 것이 두렵겠습니까? 아무것도 두려울 것이 없습니다. 오직 말씀만 바로 전하면 되는 것입니다. 그런데 유다의 제사장들은 말씀을 붙들 때 자신들이 얼마나 존귀하고 권세 있는 존재가 되는지 몰랐기 때문에 자신감을 잃고 사람들 편에 붙어 버렸습니다.

제사장은 험한 바다를 비추는 등대의 등대지기와 같습니다. 등대지기는 이런저런 일을 할 필요가 없습니다. 오직 등대를 켜서 바다를 비추기만 하면 됩니다. 그러면 암초가 있는 줄 모르고 항해하던 배들이 구원받을 수 있습니다. 교회는 컴컴하게 해 놓고 춤추는 파티장이 아니라 세상을 밝히는 등대입니다. 교회가 진리를 제대로 밝히면 죄를 깨닫고 돌아올 자는 돌아올 것이며, 빛을 피해서 도망칠 자는 더 멀리 도망칠 것입니다.

우리는 제사장들이 예루살렘에서만 제사를 드리고 예배를 관장한 줄 알지만, 실제로는 각 지파에 흩어져 살고 있었습니다. 그들이 그렇게 흩어져 살면서 한 일이 무엇입니까? 율법을 가르친 것입니다. 그들은 죄가 무엇인지, 죄를 해결하려면 어떻게 해야 하는지, 죄의 경중에 따라 어떤 제사를 드려야 하는지에 대해 가르쳤습니다. 이를테면 요즘의 공중보건의 제도와 비슷하다고 할 수 있습니다. 예전에는 의대를 졸업하면 군의관으로 복무해야 했습니다. 그런데 지금은 공중보건의 제도가 있어서 면 단위 보건소에서 근무하게 되어 있습니다. 보건소에서는 수술은 하지 않고 예방 차원의 상담을 많이 한다고 합니다. 건강한데도 병에 걸린 줄 알고 고민하는 사람들은 안심시켜 주고, 본격적인 치료가 필요한 사람들은 도시의 큰 병원으로 보내는 일을 하는 것입니다.

이스라엘의 제사장들 중에도 예루살렘에서 제사를 드리는 사람들이 있었는가 하면, 지방에 흩어져서 율법을 가르치고 죄에 대해 상담해 주며 어떻게 하나님께 나아가야 하는지 인도하는 사람들이 있었습니다. 그들은 개인의 자격으로 그런 일을 한 것이 아닙니다. 하나님의 사자로서 하나님을 대신해서 그런 일을 한 것입니다. 저도 성도들이 죄 문제로 상담하러 올 때, 그 점을 분명히 밝히곤 합니다. "지금 저는 개인 자격으로 이 말을 하는 것이 아니라 그리스도를 대신해서 이 말을 하는 것입니다. 그 죄에 대해 회개하십시오. 두려워하지 말고 하나님 앞에 나아가 회개하십시오"라고 이야기하면 대부분 뜨거운 눈물을 흘리면서 회개하고 새 생명을 얻습니다.

9절에서는 무엇이라고 말씀하고 있습니까? "너희가 내 도를 지키지 아니하고 율법을 행할 때에 사람에게 편벽되이 하였으므로 나도 너희로 모든 백성 앞에 멸시와 천대를 당하게 하였느니라."

유다의 제사장들은 사람들에게 "편벽되이" 했습니다. 이를테면 돈 있는 죄인과 돈 없는 죄인을 대하는 태도가 달랐던 것입니다. 똑같은 죄를 지었는데도 돈 있는 죄인은 친절하게 다루고 돈 없는 죄인은 가혹하게 다루었습니다. 이것이 의미하는 바가 무엇입니까? 그들은 자신들의 사명이 얼마나 귀한 것인지 모르고 있었다는 것입니다.

제사장은 하나님께서 그 백성들 가운데 임재하실 수 있도록 중재하는 사람들입니다. 유다가 망하지 않으려면 군대보다 제사장이 있어야 합니다. 그런데도 그들은 하나님을 가장 가까이에서 섬기는 것이 얼마나 영광스러운 직분인지 생각지 못하고, 사람들에게 인정받고 대접받기를 더 좋아했습니다. 그래서 담대하게 말씀대로 나아가지 못하고 사람들의 눈치나 보고 비위나 맞추다가 결국은 버림을 당한 것입니다.

하나님의 말씀을 붙드는 사람은 누구든지 하나님의 사자입니다. 우리는 그것이 얼마나 큰 특권인지 알아야 합니다. 물론 그렇다고 해서 세상적으로 무슨 힘이 생기거나 사람들의 인정을 받게 되는 것은 아닙니다. 그러나 하나님은 우리의 기도대로 모든 것을 이루어 주실 것입니다. 그런데 겁낼 것이 무엇이 있겠습니까?

파기된 언약과 영구적인 언약

이제 하나님은 두 가지를 말씀하십니다. 첫째는 레위인들이 이 직분을 너무나 하찮게 취급하기 때문에 언약을 파기하시겠다는 것입니다. "너희는 정도에서 떠나 많은 사람으로 율법에 거치게 하도다. 나 만군의 여호와가 이르노니 너희가 레위의 언약을 파하였느니라"(2:8).

하나님이 레위 지파 사람들을 제사장으로 세우신 것은 그들을 통해 평화의 언약을 지속시키시기 위해서였습니다. 그러나 그들이 제사를 우습게 알고 더럽혔기 때문에 이제 레위의 언약을 파하시겠다는 것입니다. 이것은 레위 지파 제사장들을 더 이상 인정하지 않으시겠다는 뜻입니다.

그러나 그 언약 자체는 영구히 있게 하겠다고 말씀하십니다. "만군의 여호와가 이르노라. 내가 이 명령을 너희에게 내린 것은 레위와 세운 나의 언약이 항상 있게 하려 함인 줄을 너희가 알리라"(2:4).

이것은 레위 지파의 제사장 제도는 더 이상 인정하지 않겠지만, 그들의 사명은 다른 누군가를 통해서 영구히 지속시키시겠다는 뜻입니다. 다시 말해서 누군가 다른 사람을 세워서 죄와 싸우게 하시고, 그가 싸움을 계속하는 동안에는 백성들 가운데 임하셔서 은혜를 내려 주시겠다는 뜻인 것입니다. 이것은 신약 교회를 가리키는 말씀입니다. 예수 그리스도가 오심으로써 레위 지파의 제사장 제도는 폐지되었습니다. 예수님이 자신의 몸으로 단번에 죄를 대속하셨기 때문에 레위 지파 제사장은 더 이상 필요치 않게 되었습니다. 그러나 하나님은 그리스도인들에게 여전히 제사장의 역할을 주셔서 죄와 싸우게 하시고 다른 사람들을 위해 기도하게 하셨습니다. 우리를 새로운 레위 지파로 세워 주신 것입니다.

오늘날 우리는 예배를 통해 우리 자신의 죄 사함을 받을 뿐 아니라 다른 사람들의 죄 사함을 위해 기도하는 사람들입니다. 우리가 바른 말씀을 붙들고 정직과 화평으로 하나님과 동행할 때, 하나님이 친히 우리와 이 나라를 지켜 주실 것입니다.

그렇기 때문에 예배드리러 교회에 왔을 때 그냥 좋은 말 들으러 왔다고 생각하면 안 됩니다. 수술 받으러 왔다고 생각하고 "하나님, 제가 이 고통스러운 수술을 잘 이겨 내도록 도와주십시오. 그리고 예배를 마칠 때에는 깨끗이 아물어서 제발로 걸어나갈 수 있게 해 주십시오"라고 기도해야 합니다. 하나님이 기뻐하시는 것은 상한 심령입니다. 우리 속에는 썩은 생선 내장처럼 악취를 풍기는 마음이 들어 있습니다. 가슴을 찢고 그 냄새나는 내장을 꺼내 놓는 것, 그리고 예수님의 심장을 대신 집어넣는 것이 우리가 예배 시간에 해야 할 일입니다.

우리는 눈에 보이는 문제들을 놓고 걱정합니다. 예수도 믿지만 세상에서도 성공해야 하기 때문에 예배 시간을 아까워할 때가 많습니다. 예배드리느라 세상 친구들처럼 하고 싶은 일들도 다 못하고 해야 할 일들도 다 못하는 것이 억울하게 느껴지기도 하며, 예배드릴 시간에 단어 하나라도 더 외우고 물건 하나라도 더 만들어야 할 것 같은 조바심이 일어나기도 합니다. 그런데 우리가 그렇게 할 때 나타나는 현상이 무엇입니까? 하나님의 심판이 여과 없이 세상에 임하는 것입니다. 지진이 일어나고 기상이변이 생기고 전염병이 퍼지고 비행기가 추락하는 것입니다.

이 모든 재앙들은 하나님이 세상에 은혜로 임하시도록 완충지대 역할을 하는 제사장들이 점점 사라져서 생기는 것입니다. 그래서 하나님이 세상의 죄를 보시고 심판하시는 것입니다. 물론 우리가 신앙생활을 잘한다고 해서 세상의 죄를 보지 못하시는 것은 아닙니다. 그러나 하나님이 세상을 조금이라도 더 불쌍히 여기시고 심한 재앙을 내리시지 않도록 완충지대 역할은 할 수 있습니다. 누군가 자기 욕심을 절제하며 하고 싶은 일들을 포기하고 하나님 앞에 가족과 민족의 죄를 고하러 나아갈 때, 또 그들을 직접 찾아가 죄에 대해 가르쳐 주고 바른 길로 인도해 줄 때, 하나님은 그 사람을 보시고 세상에 은혜를 베풀어 주십니다.

그런데 모두가 바쁜 세상에서 누가 그런 일을 하려 들겠습니까? 또 자신도 죄인이면서 어떻게 다른 사람들의 죄를 책망하며 바로잡을 수 있겠습니까? 제사장은 천사가 아니라 인간입니다. 그렇기 때문에 동료 인간들의 죄에 대해 더 깊이 동정하고 이해하며 기도할 수 있습니다. 구약 시대에 레위 지파와 맺으신 제사장의 언약은 파기되었습니다. 그러나 교회와 맺으신 새 언약은 영구히 사라지지 않습니다.

말라기는 왜 이렇게 제사장의 역할을 강조하고 있을까요? 그들이야말로 유다 백성들의 마지막 생명줄이기 때문입니다. 기름부음을 받는 직분 중에 말라기 이후까지 남는 것은 제사장뿐입니다. 말라기 이후 세례 요한이 나타날 때까지 약 400년간 유다는 장기적인 의식불명 상태에 돌입하게 됩니다. 식물인간 같은 그들에게 산소를 공급한 유일한 생명줄은 바로 제사장들이었습니다. 온 세상에 희망의 불이 꺼져도 제사장의 기도만 살아 있다면 유다는 다시 살아날 희망이 있습니다. 제사장들은 왕도, 선지자들도 없는 시대에 복음의 새벽을 기다리며 자신의 생업과 욕심을 포기하고 유다의 죄와 싸워야 할 자들이었습니다.

오늘 우리는 어떻습니까? 어쩌면 나의 기도가 우리 가정의 유일한 생명줄일지도 모릅니다. 모든 가족들의 영혼이 나의 영성과 기도에 맡겨져 있을지도 모릅니다. 또는 우리의 새벽기도가 교회의 생명줄일지도 모릅니다. 나의 기도와 영성이 죽으면 내 가족들의 영혼이 죽고 우리 교회의 약한 자들이 다 죽을지도 모르는 것입니다. 한 가정의 제사장은 그 가정에서 영적으로 가장 성숙한 사람입니다. 그러니까 아버지가 아니라 딸이 제사장일 수도 있습니다. 그런데 그 딸이 신경 쓸 일 많다고 기도를 딱 끊어 버리면 그 집 전체가 죽어 버립니다. 내가 힘들다고 잠들어 버리면 나 한 사람만 죽는 게 아니라 나를 통해 겨우겨우 숨쉬고 있던 사람들의 영혼이 한꺼번에 떼죽음을 당하는 것입니다.

그리스도인은 죽는 순간까지 다른 영혼들에 대한 부담에서 벗어날 수가 없습니다. 죽는 순간까지 자기 일도 하고 다른 영혼들도 돌보아주어야 합니다. 때로는 위로하고 격려해 주면서, 또 때로는 분명히 책망하면서 그들을 바른 길로 이끌어 주어야 합니다.

오늘 성경이 우리에게 말씀하는 바가 무엇입니까? 하나님이 우리 가운데 계시는 것이야말로 가장 놀라운 축복이자 위험한 축복이라는 것입니다. 원래 하나님과 우리는 동거할 수가 없습니다. 하나님은 죄와 함께 계실 수 없는 분이기 때문입니다. 그런데도 우리와 함께 계시는 것은 그리스도의 피 때문이며, 우리가 정직하게 나아가 죄를 고백하기 때문입니다. 그렇기 때문에 우리는 무엇보다 하나님 앞에 정직하기를 힘써야 합니다. 티끌만한 죄라도 감추는 것이 있으면 평강이 임하지 않습니다. 있는 그대로 정직하게 아뢸 때, 하나님은 재앙을 축복으로 바꾸어 주시며 죽음을 생명으로 바꾸어 주실 것입니다.

교회가 존재하는 이유가 무엇입니까? 우리가 존재하는 이유가 무엇입니까? 우리 또한 자주 넘어짐에도 불구하고 다른 사람들을 일으켜 세우기 위해서이며, 우리 또한 완전하지 못함에도 불구하고 하나님 앞에 버팀목이 되어 세상의 죄를 참으시며 은혜로 거하시게 하기 위해서입니다. 하나님은 그 일을 위해 제사장들을 세우셨습니다. 제사장들이 죄와 싸우는 동안에는 백성들의 죄를 용서해 주실 것입니다. 그러나 사람들에게 이리저리 끌려다니면서 죄와 타협한다면, 제사장은 더 이상 존재할 이유가 없습니다.

우리는 한편으로는 죄와 싸워야 하며, 또 한편으로는 다른 사람들을 위해 기도해야 합니다. 그러나 세상에서 하고 싶은 일들을 다 해 가면서 그렇게 할 수는 없습니다. 제사장이 되려면 자기 속에 있는 욕심을 죽여야 합니다. 제사장이라고 아주 범죄하지 않는 것은 아닙니다. 제사장도 계속 죄를 짓고 넘어집니다. 그럼에도 불구하고 포기하지 말고 자신의 죄와 싸워야 하며, 가족의 죄와 싸워야 하고, 나라의 죄와 싸워야 합니다. 그렇게 하는 한,

아무리 우리가 부족해도 하나님은 세상을 참아 주실 것입니다.

교회는 성령의 전이 되어야 합니다. 그리고 우리 한 사람 한 사람은 제사장이 되어야 합니다. 제사장은 하나님 앞에서는 어린아이같이 울면서 긍휼을 구해야 하지만, 사람들 앞에서는 담대하게 죄를 지적하며 회개를 촉구해야 합니다.

사랑하는 성도 여러분, 오늘 여러분의 기도가 가정의 생명줄이요 교회의 생명줄이고 이 나라의 생명줄임을 잊지 마시기 바랍니다. 내 기도 때문에 그나마 신앙을 유지하고 있는 사람들이 많이 있습니다. 내가 잠들어 버리면, 내가 포기해 버리면 그나마 힘들게 버티고 있던 사람들이 전부 쓰러질 것입니다.

오늘도 넘어졌습니까? 다시 일어나십시오. 이럴 수밖에 없는 우리의 연약함을 아시기 때문에 그리스도께서 오신 것입니다. 우리의 구겨진 옷 대신 주님이 주신 흰 옷을 입고 나아가 기도함으로써 하나님이 은혜로 우리 가운데 임하실 수 있도록 제사장의 사명을 다하는 여러분이 되시기를 바랍니다.

4

지켜야 할 가치관

말라기 2:10-17

2:10 우리는 한 아버지를 가지지 아니하였느냐? 한 하나님의 지으신 바가 아니냐? 어찌하여 우리 각 사람이 자기 형제에게 궤사를 행하여 우리 열조의 언약을 욕되게 하느냐?

11 유다는 궤사를 행하였고 이스라엘과 예루살렘 중에서는 가증한 일을 행하였으며 유다는 여호와의 사랑하시는 그 성결을 욕되게 하여 이방 신의 딸과 결혼하였으니

12 이 일을 행하는 사람에게 속한 자는 깨는 자나 응답하는 자는 물론이요 만군의 여호와께 제사를 드리는 자도 여호와께서 야곱의 장막 가운데서 끊어 버리시리라.

13 너희가 이런 일도 행하나니 곧 눈물과 울음과 탄식으로 여호와의 단을 가리우게 하도다. 그러므로 여호와께서 다시는 너희의 헌물을 돌아보지도 아니하시며 그것을 너희 손에서 기꺼이 받지도 아니하시거늘

14 너희는 이르기를 "어찜이니까?" 하는도다. 이는 너와 너의 어려서 취한 아내 사이에 여호와께서 일찍이 증거하셨음을 인함이니라. 그는 네 짝이요 너와 맹약한 아내로되 네가 그에게 궤사를 행하도다.

15 여호와는 영이 유여하실지라도 오직 하나를 짓지 아니하셨느냐? 어찌하여 하나만 지으셨느냐? 이는 경건한 자손을 얻고자 하심이니라. 그러므로 네 심령을 삼가 지켜 어려서 취한 아내에게 궤사를 행치 말지니라.

16 "이스라엘의 하나님 여호와가 이르노니 나는 이혼하는 것과 학대로 옷을 가리우는 자를 미워하노라. 만군의 여호와의 말이니라." 그러므로 너희 심령을 삼가 지켜 궤사를 행치 말지니라.

17 너희가 말로 여호와를 괴로우시게 하고도 이르기를 "우리가 어떻게 여호와를 괴로우시게 하였나?" 하는도다. 이는 너희가 말하기를 "모든 행악하는 자는 여호와의 눈에 선히 보이며 그에게 기쁨이 된다" 하며 또 말하기를 "공의의 하나님이 어디 계시냐?" 함이니라.

2:10-17

어렸을 때 저는 매우 율법적인 분위기에서 자랐습니다. 그때 귀가 따갑게 들은 것이 엄격한 주일 성수와 십일조 생활에 대한 것이었습니다. 그 당시만 해도 저는 제가 다니는 교회만 옳고 다른 교회들은 다 틀린 줄 알았습니다. 그러다가 대학에 들어가면서 생각이 달라지기 시작했습니다. 그동안 내가 폐쇄된 세계 안에 갇혀 있었음을 깨닫게 되었고, 그렇게 한번 틀이 깨지기 시작하자 기존의 모든 기준들이 따라서 허물어져 버렸습니다. 저는 그 후 상당 기간 동안 교회에 다니지 못했습니다. 과연 무엇이 옳은지 기준을 세울 수가 없었기 때문입니다. 강력한 기준에 지배당하다가 그것이 허물어지자 쉽게 대체할 기준을 찾을 수가 없었습니다. 그럴 때 나타나는 현상은 기존의 모든 가치를 무조건 부정하고 보는 것입니다.

유다 백성들에게는 바벨론 포로생활이 그런 계기가 되었습니다. 그들은 바벨론에 잡혀 가기 전까지 율법이라는 강한 틀 안에 갇혀서 살았습니다. 그들이 율법에 충실했느냐 그렇지 못했느냐를 떠나서, 율법은 그들에게 절대적인 가치체계였습니다. 그러나 바벨론으로 잡혀 간 후로는 더 이상 절대적인 기준이 될 수 없었습니다. 그들은 거기에서 다양한 민족들이 사는 방식을 보았습니다. 이를테면 세계화되기 시작한 것입니다. 바벨론에서 돌아온 후, 그들에게는 율법을 대신할 새로운 가치체계가 필요했습니다. 그러나 아직 그럴 만한 것을 찾을 수가 없었습니다. 그들은 이러한 가치관의 대혼란 속에서 기존의 가치들을 무조건 부정하고 부수기 시작했습니다. 그 대표적인 현상이 결혼 언약을 파기하는 것으로 나타났습니다.

예전에 정혼한 아내와 이혼하고 이방 여자와 재혼한다는 것은 감히 상상도 못하던 일이었습니다. 그러나 이제는 지도자들이나 제사장이나 일반 백성이나 아무 가책 없이 그런 짓을 하게 되었습니다. 그들은 안식일의 규정도 깨뜨려 버렸습니다.

요즘 우리나라 위정자들은 새로운 나라를 만들기 위해 기존의 가치관들을 무너뜨리고 있습니다. 그러나 무조건 기존의 가치관들만 무너뜨린다고 해서 새 시대가 오는 것은 아닙니다. 진정한 새 시대를 이룩하려면 과거가 아무리 모순되고 불합리했더라도 하나님의 보호와 인도로 여기까지 이르게 되었음을 인정하면서, 인간이 저지른 잘못을 청산하기 이전에 하나님이 원하시는 것이 무엇인지부터 찾아낼 생각을 해야 합니다.

오늘 본문에서 말라기 선지자는 특히 유다 백성들의 결혼생활에 대해 지적하고 있습니다. 과거의 가치관을 벗어 버리는 것도 좋지만, 하나님 앞에 결코 취소할 수 없는 원칙이라는 것이 있는 법입니다. 결혼도 그런 것 중에 하나입니다. 하나님은 과거의 가치관을 무조건 깨뜨리려고만 하지 말고 바른 원칙부터 회복하라고 말씀하십니다.

결혼의 바른 기준

말라기 선지자는 먼저 결혼의 바른 기준을 제시합니다. "우리는 한 아버지를 가지지 아니하였느냐? 한 하나님의 지으신 바가 아니냐? 어찌하여 우리 각 사람이 자기 형제에게 궤사를 행하여 우리 열조의 언약을 욕되게 하느냐? 유다는 궤사를 행하였고 이스라엘과 예루살렘 중에서는 가증한 일을 행하였으며 유다는 여호와의 사랑하시는 그 성결을 욕되게 하여 이방 신의 딸과 결혼하였으니"(2:10-11).

하나님은 이혼하거나 아내를 버린 자들을 무조건 처벌하라고 말씀하시는 대신, 성경의 원리를 다시 설명해 주심으로써 바른 기준을 제시하고 계십니다. 말라기는 가장 먼저 "우리는 한 아버지를 가지지 아니하였느냐?"라고 묻습니다. 여기에서 "한 아버지"는 과연 누구일까요?

어떤 이들은 바로 다음에 "한 하나님의 지으신 바가 아니냐?"라는 구절이 나오는 것을 볼 때 하나님을 의미한다고 해석하기도 합니다. 물론 모든 인류는 하나님의 손으로 창조되었다는 의미에서 하나님의 자녀이며 한 형제라고 말할 수 있습니다. 그러나 선지자가 여기에서 겨냥하고 있는 것은 이방인과의 결혼 문제입니다. 그러므로 "한 아버지"는 하나님이 아니라 믿음의 아버지인 아브라함을 가리키는 말로 보아야 합니다. 모든 유다 백성들은 육적으로 아브라함의 후손일 뿐 아니라 영적으로 아브라함의 후

손입니다. 그들은 모두 아브라함의 믿음을 좇는 형제요 자매들입니다.

아브라함은 한때 믿음이 흔들려서 사라의 여종 하갈을 첩으로 취하여 이스마엘을 낳았습니다. 그는 이스마엘을 사랑했지만, 결국 하갈과 함께 집에서 내보냈습니다. 하나님의 나라는 혈통이 아닌 믿음으로 이루어지는 나라였기 때문입니다. 그는 이삭을 낳기까지도 어려움을 겪었지만, 그를 결혼시키는 일에서도 어려움을 겪었습니다. 그들이 살고 있던 가나안 땅의 여자들은 너무 음란해서 도저히 경건한 신부감을 찾을 수가 없었습니다. 그래서 아브라함은 종을 불러 가나안 여자들 중에서 이삭의 신부감을 구하지 않겠다는 맹세를 시켰고, 종은 아브라함의 환도뼈에 손을 넣고 언약을 맺었습니다. 그 당시 사람들은 자손의 씨가 환도뼈 옆에 있다고 생각했습니다. 그러니까 환도뼈에 손을 넣고 언약을 맺었다는 것은 그 언약이 아브라함의 자손들에게도 유효하다는 뜻인 것입니다. 아브라함의 자손들은 절대 자신의 정욕대로 결혼하면 안 됩니다. 아무리 신부감을 구하기가 어렵고 시간이 오래 걸린다 해도 경건한 여자와 결혼해서 거룩한 가정을 이루어야 합니다.

그런데 바벨론에서 돌아온 유다 백성들은 굳이 유다 여자들과 결혼할 필요가 없다고 생각했습니다. 바벨론에서 다른 민족들과 어울려 살다 보니 이방인들 중에도 아름답고 싹싹한 여자들이 많았습니다. 그런데 왜 굳이 유다 여자를 고집하겠습니까? 그래서 이미 정혼한 유다의 아내를 버리고 이방 여자들과 결혼했습니다.

이방 여자들과의 결혼이 두드러진 특징으로 나타냈던 시대는 사사 시대입니다. 그 당시 사사들은 자녀들을 이방인과 결혼시키는 것을 큰 성공으로 생각했습니다. 그래야 자신들의 영향력을 외국까지 넓힐 수 있었기 때문입니다. 물론 공식적으로 가장 많은 이방 여자들과 결혼한 사람은 솔로몬이었습니다. 아가서에는 이스라엘 사람들이 가장 이상적으로 생각했던 왕비상이 나오고 있습니다. 겉보기에는 얼굴도 검고 피부도 거칠지만 지혜롭고 믿음이 깊은 술람미 여인이 그들이 생각했던 이상적인 왕비상이었던 것입니다. 백성들은 솔로몬이 그 같은 여자와 결혼하기를 바랐습니다. 남자의 신앙은 거의 여자를 따라가게 되어 있기 때문입니다. 그러나 솔로몬은 바로의 공주를 공식적인 왕비로 삼았습니다. 원칙적으로는 아가서에 나오는 술람미 여인과 결혼해야 하지만, 정략적으로 그 당시 최고 강대국인 이집트 바로의 딸과 결혼한 것입니다. 그 후에도 그는 많은 외국의 공주들과 정략결혼을 했습니다.

그런데 그렇게 정략결혼을 하다가 발견하게 된 사실이 있었습니다. 그것은 이방 여자들에게 이스라엘 여자들에게는 없는 것, 즉 육체적인 아름다움이 있다는 사실이었습니다. 이스라엘 여자들의 미덕은 성경적인 지혜로 무장하는 데 있었습니다. 외모는 그리 아름답지 않아도 성경은 귀신같이 알고 믿는 것이 그들의 미덕이었어요. 그런데 이방 여자들은 성경에는 완전히 무지한 반면, 육체적으로는 아주 아름답고 매력적이었습니다. 처음에는 정략적으로 이방의 공주들과 결혼했던 솔로몬도 점차 그들의 아름다움에 빠져들게 되었습니다. 그래서 나중에는 적극적으로 이방 여자들을 사랑하기에 이르렀습니다.

그 다음으로 찾아오는 단계가 무엇입니까? 자신은 늙어 가는데 젊은 이방 여자들의 마음을 사로잡으려 하다 보니 자꾸 비굴해지는 것입니다. 그는 이방 여자들의 사랑을 구걸하기 위해 그들의 신앙을 인정해 주었고 산당까지 지어 주면서 급격히 타락하기 시작했습니다. 급기야는 그들을 따라 이방 신전에서 제사까지 드렸습니다.

바벨론에서 돌아온 유다 백성들도 그러했습니다. 그들은 이방 여자들의 육체적인 아름다움을 알게 되면서 유다 여자들을 버리고 그들과 결혼하기 시작했습니다.

하나님 앞에는 두 종류의 인간이 있습니다. 첫째는 육체의 정욕을 위해 사는 사람들입니다. 그들은 육체의 쾌락을 위해서라면 얼마든지 이혼도 할 수 있고 혼외정사도 할 수 있는 사람들입니다. 하나님은 그러한 사람들을 '부정한 자' 라고 부르십니다.

그런데 그들과는 다른 부류의 인간이 있습니다. 그들은 자신의 정욕을 말씀에 붙들어 맨 사람들입니다. 하나님은 그러한 사람들을 '경건한 백성' 이라고 부르십니다. 하나님이 이 세상을 곧장 멸망시키지 않고 지켜 주시는 것은 바로 그러한 경건한 백성들을 얻기 위해서입니다.

성경은 노아 홍수가 일어난 원인에 대해 하나님의 아들들이 사람의 딸들의 아름다움을 보고 아내로 삼았기 때문이라고 밝히고 있습니다. "하나님의 아들들이 사람의 딸들의 아름다움을 보고 자기들의 좋아하는 모든 자로 아내를 삼는지라"(창 6:2).

여기에서 "하나님의 아들들"은 천사가 아니라 하나님을 믿는 경건한 백성의 자녀들을 가리킵니다. 그런데 그들이 더 이상 말씀에 따라 결혼하지 않고 육체의 정욕에 따라 결혼하기 시작했습니다. 이처럼 혼인의 순결이 깨져 버린 것은 노아 홍수가 일어난 두 가지 큰 원인 중 하나였습니다. 다른 한 가지 원인은 살인이었습니다. 네피림이라는 살인자들이 자기 힘을 과시하기 위해 사람들을 마구 죽여 버린 것입니다. 이 같은 영웅들의 살인과 정욕적인 결혼이 무서운 홍수 심판을 불러왔습니다.

소돔이 왜 유황불에 멸망했습니까? 여러 가지 원인이 있지만, 가장 큰 원인은 소돔의 남자들이 정상적인 결혼생활을 하지 않고 동성애에 빠져 버린 데 있었습니다.

하나님이 세상에 대해 오래 인내하시는 이유는 육체의 정욕을 십자가에 못 박고 자신을 거룩하게 지키는 경건한 백성을 얻기 위해서입니다. 하나님은 수많은 모래 가운데 한 알갱이 사금을 찾는 심정으로 경건한 백성을 찾으십니다. 그리고 그런 사람을 찾았을 때 목자가 잃은 양을 찾은 것처럼 크게 기뻐하십니다. 사람이 존귀해지려면 성적으로 추해지지 말아야 하며, 그러기 위해서는 철저하게 하나님이 제시하신 원리에 따라 결혼해야 합니다.

인간에게는 두 종류의 불이 있는데, 한 가지는 이성을 향한 사랑의 불이고 또 한 가지는 나에게 해를 입힌 사람에 대한 분노의 불입니다. 남자와 여자가 서로 사랑하는 불 같은 마음은 하나님이 주신 것입니다. 그런데 그 불을 잘못 다루면 대형화재가 발생해서 사람이 타 버리기도 하고 가정이 타 버리기도 하며 교회가 타 버리기도 합니다. 또 분노의 불은 살인으로 연결되기 때문에 아주 위험합니다. 그래서 하나님은 국가에 권력을 주셔서 분노의 불이 살인으로까지 나아가지 않도록 견제하게 하셨으며, 믿는 자들에게는 용서의 마음을 주셔서 그 불길을 끌 수 있게 하셨습니다. 그리스도인들이 다른 사람들에게 줄 수 있는 최고의 선물은 용서입니다. 나중에야 어떻게 되든지 간에 무조건 용서해 버려야 합니다. 꺼지지 않은 분노의 불은 사람을 삼키게 되어 있습니다. 그래서 남을 죽이지 못하면 자신이라도 죽이게 만듭니다.

바벨론에서 돌아온 유다 백성들은 자신들이 지금껏 우물 안 개구리로 살았다는 것을 깨달았습니다. 그리고 이 격동하는 세계 속에서 살아남기 위해서는 세계화를 해야 하는데, 그러려면 외국 여자들과 결혼해서 외국인들처럼 살아야 한다고 생각했습니다. 우리나라 사람들의 생각과 너무 비슷하지 않습니까? 예전에 우리나라 대통령이 미국에 다녀온 후에 한 말이 바로 "우물 안 개구리"라는 것이었습니다. 그는 세계 무대에서 살아남으려면 시급하게 세계화를 해야 한다고 말했습니다. 그런데 그 세계화를 위해 한 일이 결국 무엇이었습니까? 관광지 개발과 어린아이들에게 영어 교육을 시키는 것, 수많은 외화를 들여 유학생들을 외국으로 보내는 것이었습니다. 그것은 양주만 마시고 양담배만 피우면 세계화가 된다는 생각만큼이나 어리석은 생각입니다. 그런 식의 세계화는 국가 전체를 부도의 위기에 빠뜨리는 결과를 낳고 말았습니다.

유다 백성들에게는 기존의 가치관과 다른 새로운 가치관이 필요했습니다. 그런데 그것을 위해 한 일이 무엇입니까? 결혼의 언약을 깨고 외국 여자들과 결혼한 것입니다. 그것은 세계화가 아니라 자신들을 죽이는 자살행위였습니다.

유다 백성들이 이처럼 혼란에 빠진 것은 하나님 나라의 비전을 잃어버렸기 때문입니다. 그들은 급변하는 세계를 보면서 무엇이든지 바꾸는 것이 좋다고 생각했습니다. 하나님은 일찍이 유다 자손을 통해 이스라엘의 구원자가 오실 것을 약속하셨습니다. 지금까지 그들이 마음대로 결혼하지 못한 이유가 바로 거기 있었습니다. 그런데 지금 이렇게 욕심대로 이방 여자들과 결혼한다는 것은 무엇을 의미합니까? 구원자에 대한 약속이 더 이상 그들에게 중요하지 않다는 것을 의미합니다.

바벨론에서 돌아온 유다 백성들에게는 두 가지 해야 할 일이 있었습니다. 첫째는 경건한 예배를 회복하는 것이었고, 둘째는 하나님이 기뻐하시는 삶의 원리를 회복하는 것이었습니다. 하나님은 절대 인색하신 분이 아닙니다. 하나님이 제시하신 바른 원리대로 살기만 하면 어떤 상황에서도 복을 내려 주십니다. 지금 우리나라 정치인들은 정의를 회복하기 위해 과거를 전부 캐내고자 시도하고 있습니다. 그러나 그렇게 캐낸다고 해서 전부 캐낼 수 있는 것도 아니고 이 나라가 저절로 복을 받게 되는 것도 아닙니다. 우리가 알아야 할 사실은 우리의 과거가 그렇게 형편없었음에도 불구하고 하나님이 이 나라와 민족을 지켜 주시고 축복해 주셨다는 것입니다. 우리나라가 정말 복을 받기 원한다면 그 하나님이 기뻐하시는 원리가 무엇인지부터 생각해야 합니다.

지금까지 유다를 견고하게 붙들어 온 것은 메시아에 대한 소망이었습니다. 우리나라에도 미래에 대한 소망이 필요합니다. 그 소망이 있어야 모든 국민의 마음이 하나 될 수 있습니다. 그 소망을 어디에서 찾을 수 있습니까? 하나님의 말씀에서, 그리스도인들의 절제하는 생활에서 찾을 수 있습니다.

결혼 언약의 중요성

최근 신문 보도에 따르면, 우리나라에서 이혼하는 가정의 수가 결혼하는 가정의 수를 넘어섰다고 합니다. 결혼식장에 가 보면 재미있는 장면을 볼 수 있습니다. 마치 붕어빵을 찍어 내듯이 여러 개의 홀에서 동시에 여러 쌍의 부부들이 탄생하는 것입니다. 순서도 거의 비슷한 데다가 시간도 10분에서 15분 정도밖에 걸리지 않습니다.

얼마 전에 중국인 교포와 결혼한 한국인 신부의 이야기를 들었습니다. 그는 중국인들의 결혼식 문화에 적이 당황했다고 합니다. 그들에게는 약식 결혼식이라는 것이 없습니다. 식이 끝난 후 바로 갈비탕 먹고 헤어지는 것이 아니라, 결혼식장에서 피로연을 열고 모든 손님이 풀코스로 식사하면서 오래오래 즐기게 되어 있습니다. 신랑 신부는 마지막 손님이 떠날 때까지 그 자리에 함께 있어야 합니다. 그에 비해 우리나라 결혼식은 얼마나 약식으로 가볍게 치러지는지 모릅니다. 그래서 이혼하려고 가정법원을 찾는 사람들이 그렇게 많은지도 모르겠습니다.

하나님은 유다 백성들이 결혼의 언약을 너무나 쉽게 깨뜨리고 이방 여자들을 선택한 것에 대해 책망하고 계십니다. 11절과 14절을 보십시오. "유다는 궤사를 행하였고 이스라엘과 예루살렘 중에서는 가증한 일을 행하였으며 유다는 여호와의 사랑하시는 그 성결을 욕되게 하여 이방 신의 딸과 결혼하였으니…… 너희는 이르기를 '어찜이니까?' 하는도다. 이는 너와 너의 어려서 취한 아내 사이에 여호와께서 일찍이 증거하였음을 인함이니라. 그는 네 짝이요 너와 맹약한 아내로되 네가 그에게 궤사를 행하도다."

하나님은 남자와 여자를 똑같이 하나님의 형상대로 창조하시고 결혼을 통해 그 아름다운 형상을 드러내게 하셨습니다. 또 남자를 깊이 잠들게 하신 후에 배를 갈라 뼈를 꺼내서 여자를 만드심으로써, 남자와 여자는 한번 결혼하면 절대 분리될 수 없음을 가르치셨습니다.

남자가 여자와 결혼하려면 꼭 배를 가르고 뼈를 꺼내는 수술을 받아야 합니다. 여자와 어머니가 다르듯이, 남자와 남편은 다른 존재이기 때문입니다. 남자로 태어났다고 해서 누구나 남편이 될 수 있는 것은 아닙니다. 남편이 되려는 사람은 기존의 생활방식이나 사고방식, 부모와의 관계를 잘라 내는 대수술을 해야 합니다.

또한 남편은 어머니가 자신을 대하던 방식으로 아내를 대할 결심을 해야 합니다. 어머니는 자기 몸으로 아들을 낳았기 때문에 아들을 남으로 생각지 않고 분신으로 생각합니다. 그처럼 남편도 배를 가르고 뼈를 꺼내는 수술 후에 만난 아내를 자신의 분신처럼 생각하고 그의 육체적인 필요와 정신적인 필요를 채워 주어야 하며, 그 눈에서 눈물이 흐르지 않도록 보호해 주어야 합니다. 한번 결혼한 부부는 분리될 수 없습니다. 그 부부관계를 분리시키는 것은 서로를 칼로 베어 내는 것과 같습니다.

그런데도 사람들이 그토록 많이 이혼하는 이유가 무엇입니까? 가장 중요한 이유는 외도에 있습니다. 외도한 사람은 상대방에게 지켜야 할 약속을 깨뜨린 것입니다. 한 여자나 남자와 결혼한다는 것은 다른 모든 여자나 남자에 대한 관심을 끊고 오직 상대방만 사랑하겠다는 약속입니다. 그런데 자기 욕심을 죽이지 않고 결혼했다가 불륜의 관계에 빠져 이혼하는 사람은 단지 이혼하는 데서만 끝나는 것이 아니라 하나님께 무서운 심판을 받게 됩니다.

결혼은 하나님 앞에 절대적인 것입니다. 사람들은 결혼의 신성함을 깨뜨리는 것이 얼마나 큰 죄인지 잘 모르는 것 같습니다. 사람이 저지르는 가장 무서운 죄 중에 하나가 바로 자기 욕심 때문에 결혼 언약을 깨뜨리는 것입니다. 요즘은 이혼하는 사람들이 워낙 많기 때문에 사회적으로는 그리 큰 문제가 되지 않을지 모릅니다. 그러나 하나님 앞에서는 "여호와의 사랑하시는 그 성결을 욕되게" 하는 일이 됩니다.

아름다운 가정을 이루려면 예수 그리스도를 중심에 모셔야 합니다. 그러면 그 가정 자체가 성전이 됩니다. 주님이 그 가운데 거하시면서 성령으로 늘 새롭게 해 주십니다. 성령이 함께하시는 일에는 진부함이 없습니다. 부부관계도 마찬가지입니다.

저희 부부가 결혼을 앞두고 주례해 주실 목사님을 찾아갔을 때 목사님이 특별히 부탁하신 말씀이 있습니다. 그것은 부부관계가 타락하지 않도록 주의하라는 것이었습니다. 당시에는 그 말씀이 이해가 되지 않았습니다. '서로 이렇게 사랑하는데 어떻게 우리 관계가 타락할 수 있겠어?' 라는 생각 때문이었습니다. 그러나 아무리 사랑해서 결혼했다고 해도 어느 정도 시간이 지나면 관계가 진부해지게 마련입니다. 서로에 대해 실망할 일도 많이 생기고 사랑하는 마음도 예전처럼 뜨겁지 않습니다. 그러면서 위기가 찾아오는 것입니다.

부부관계가 늘 새로우려면 여러 부분에서 서로 노력하되 특히 신앙적으로 계속 자라 가도록 노력해야 합니다. 부부는 각자 자신만의 성소를 가지고 있어야 합니다. 부부가 함께 성전을 이루기도 해야 하지만, 각자 개인적으로 하나님 앞에 나아가 죄 사함을 받으며 성령으로 채움받는 자신만의 골방도 있어야 하는 것입니다.

믿지 않는 사람들의 결혼도 하나님 앞에 신성한 것이기 때문에 함부로 깨뜨려서는 안 됩니다. 그러나 믿지 않는 사람들의 부부관계는 계속해서 신선할 수가 없기 때문에 늘 위태롭게 마련입니다. 기껏해야 여행을 가거나 영화를 보거나 음악회에 가는 것이 고작인데, 그런 것으로는 기분전환은 할 수 있을지 몰라도 궁극적으로 마음을 새롭게 할 수는 없습니다.

성경적인 결혼을 사모하는데 대상이 없는 경우에는 어떻습니까? 그럴 경우에는 주변에서 너무 부담을 주지 않는 것이 좋습니다. 우리는 하나님의 신실하심을 믿고 기다리는 미혼의 형제 자매들을 귀히 여겨야 합니다. 하나님의 뜻 안에서 결혼하기를 원하는데도 배필을 주시지 않는 것은 그에 대해 더 좋은 계획을 가지고 계시기 때문입니다. 그것을 본인도 믿고 주변 사람들도 믿어야 합니다.

사도 바울은 결혼한 사람들은 마음이 나뉘기 쉽지만 독신으로 살면 얼마든지 자유롭게 주를 섬길 수 있다고 말했습니다. 우리는 하나님 나라의 관점에서 독신의 문제를 바라볼 필요가 있습니다. 때로는 결혼하는 것보다 독신으로 지낼 때 더 풍성한 삶을 살 수도 있습니다. 예를 들어 결혼한 후에 신앙적으로 퇴보하고 하나님 나라에서 멀어진 사람들은 결혼한 일이 오히려 손해가 될 것입니다. 반면에, 독신으로 지내야 주님을 더 많이 섬길 수 있을 것 같아서 결혼이나 자녀 양육의 기쁨을 일부러 포기한 사람들이 영적인 자녀들을 통해 큰 축복을 누리기도 합니다.

존 스토트 목사님은 주님을 위해 세 가지를 포기했다고 말했습니다. 첫째는 교수가 되는 일이었고, 둘째는 주교가 되는 일이었으며, 셋째는 결혼이었습니다. 그는 이 세 가지를 포기할 때 주님과 성도들을 더 잘 섬길 수 있겠다고 생각해서 세상적으로 유명해지거나 행복해질 수 있는 길을 전부 포기해 버렸습니다. 그러나 그것은 전혀 손해가 아니었습니다. 그는 20세기 최고의 목회자요 신학자로서 세계의 복음주의를 이끌어 왔습니다. 주님을 위해 남들이 다 누리는 행복을 포기하는 것은 절대 손해가 아닙니다. 이 세상에서나 오는 세상에서 몇 배로 채워 주십니다.

가정은 교회와 더불어 하나님이 우리에게 주신 삶의 두 가지 기초단위입니다. 그것이 무너지면 삶의 다른 부분들도 같이 무너지게 되어 있습니다. 그렇기 때문에 결혼의 언약이 그토록 중요한 것입니다.

기도 응답을 막는 것들

선지자는 유다 백성들의 기도가 응답되지 않는 가장 중요한 이유가 바로 이렇게 정욕적인 결혼에 있음을 지적합니다. "이 일을 행하는 사람에게 속한 자는 깨는 자나 응답하는 자는 물론이요 만군의 여호와께 제사를 드리는 자도 여호와께서 야곱의 장막 가운데서 끊어 버리시리라"(2:12).

우리에게 중요한 문제는 세상에서 얼마나 행복하게 사느냐 하는 것이 아니라, 하나님이 우리를 얼마나 기뻐하시며 축복하시느냐 하는 것입니다. 유다 백성들은 말씀을 저버리고 다른 나라들을 따라가는 것이 살 길이라고 생각했습니다. 그러나 하나님은 그런 자들의 장막을 끊어 버리겠다고 말씀하십니다.

"깨는 자"란 '깨우치는 자'라는 뜻입니다. 그리고 "응답하는 자"란 그 깨우치는 자의 가르침에 반응하는 사람을 가리킵니다. 다시 말해서 유다의 지도자들 중에도 결혼 언약을 깨뜨리는 자들이 많았고, 그들의 가르침을 받아 열심을 내던 사람들 중에도 결혼 언약을 깨뜨리는 자들이 많았다는 것입니다. 하나님은 그런 자들을 다 버리겠다고 말씀하십니다. 그들은 신앙이 좋다고 알려진 사람들이었지만 결정적인 부분에서 세상을 따라가 버렸습니다. 다른 부분에서는 흠 잡을 데가 없었지만 결혼에서만큼은 말씀에 순종하지 않고 자기 욕심을 좇아가 버린 것입니다.

하나님은 그런 자들의 기도나 봉사를 받지 않으실 뿐 아니라 축복도 하지 않겠다고 말씀하십니다. "너희가 이런 일도 행하나니 곧 눈물과 탄식으로 여호와의 단을 가리우게 하도다. 그러므로 여호와께서 다시는 너희의 헌물을 돌아보지도 아니하시며 그것을 너희 손에서 기꺼이 받지도 아니하시거늘 너희는 이르기를 '어찜이니까?' 하는도다. 이는 너와 어려서 취한 아내 사이에 여호와께서 일찍 증거하셨음을 인함이니라. 그는 네 짝이요 너와 맹약한 아내로되 네가 그에게 궤사를 행하도다"(2:13-14).

그 당시 유다 백성들은 아주 일찍 정혼을 했습니다. 말이 정혼이었지, 법적으로는 이미 결혼한 것이나 다름 없었습니다. 신랑이 신부 아버지에게 신부대금을 치르기 전까지 실제적인 동거만 하지 않았을 뿐입니다. 마리아도 예수님을 잉태했을 때 이미 요셉과 정혼한 상태였습니다. 그런데 바벨론에서 돌아온 유다 백성들은 어릴 때 정혼한 여자를 버리고 이방 여자들과 결혼했습니다. 한번 정혼한 여자는 법적으로 이미 결혼한 신분이기 때문에 다른 남자와 결혼할 수가 없었습니다. 이렇게 실제적인 결혼생활은 해보지도 못한 채 이혼당한 여자들은 날마다 성전을 찾아와 남편을 돌려 달라고 울면서 기도했습니다.

하나님은 그것을 차마 볼 수가 없다고 말씀하십니다. 이방 여자들은 돈을 주어 내보내고 어릴 때 정혼한 여자와 다시 결합하라고 말씀하십니다. 다시 말해서 하나님 앞에서 결혼을 약속했던 그 여자야말로 하나님이 인정하시는 진정한 아내라는 것입니다. 지금 살고 있는 이방 여자를 내보내고 정혼한 여자와 다시 결합하지 않으면 하나님도 그들과 함께하시지 않을 것이며 그들을 하나님 앞에서 쫓아내시겠다는 것입니다.

어느 교회에 한 여성도가 있었는데 아무리 직분을 맡기려 해도 고집을 부리며 맡지 않았습니다. 그래서 목사님이 상담을 해 보니 일본인 현지처로서 아이까지 낳은 상태였습니다. 목사님은 그에게 분명히 말했습니다. "당신은 그 일본 사람과 예수님 중에 한 사람을 선택해야 합니다. 두 사람 다 붙잡고 천국에 갈 수는 없습니다. 아이와 함께 홀로서기를 하십시오. 그러면 하나님이 축복해 주실 것입니다." 동성연애자도 마찬가지입니다. 파트너의 손과 예수님의 손을 함께 붙잡고 천국에 갈 수는 없습니다. 둘 중에 하나를 택해야 합니다.

하나님의 말씀에는 얼마나 큰 능력이 있는지 모릅니다. 저는 인생에서 실패하고 도덕적으로 실패했던 사람들이 바른 말씀을 듣고 다시 일어나 아름다운 가정을 이루며 교회에 충성하는 모습을 많이 보았고, 한번 결혼에 실패했다가 믿음으로 일어나 새 출발 하는 모습도 많이 보았습니다. 하나님 앞에 정직하게 나아가기만 하면 누구라도 다시 일어설 수 있습니다.

15절을 보십시오. "여호와는 영이 유여하실지라도 오직 하나를 짓지 아니하셨느냐? 어찌하여 하나만 지으셨느냐? 이는 경건한 자손을 얻고자 하심이니라. 그러므로 네 심령을 삼가 지켜 어려서 취한 아내에게 궤사를 행치 말지니라."

여호와의 영이 유여하시다는 것은 하나님이 한꺼번에 여러 명을 창조하실 수도 있다는 뜻입니다. 그런데 오직 한 사람의 남자만 창조하시고 그 남자로부터 단 한 사람의 여자만 창조하신 것은 한 남자와 한 여자의 관계가 얼마나 중요한지 가르쳐 주시기 위함이며, 결혼을 하나님 앞에 가장 아름다운 일로 만드시기 위함입니다. 이 말씀을 오해하면 그리스도인은 오직 자손을 얻기 위해서만 부부관계를 맺어야 한다는 뜻으로 생각할 수 있습니다. 그러나 이것은 그런 뜻이 아니라, 남자와 여자가 바른 결혼관계를 통해 만나야 한다는 뜻입니다.

결혼의 순결을 지키려면 무엇보다 "네 심령을 지켜"야 합니다. 우리의 마음은 자꾸 하나님이 정하신 경계선을 넘어 욕심껏 달려나가려 합니다. 그 마음을 지키는 것이 곧 행복을 지키는 길이며 하나님 앞에 풍성하게 사는 길입니다. 결혼이라는 이 선물을 잘 지키려면 무조건 자기 자신을 쳐서 말씀에 복종시켜야 합니다. 무조건 남편과 아내를 사랑해야 하는 것입니다. 남편과 아내를 사랑하는 데에는 다른 이유가 필요치 않습니다. 서로의 부족한 부분이 보일 때에도 지적하고 책망하기보다는 함께 간절히 기도하는 것이 좋습니다.

16절과 17절을 보십시오. "'이스라엘의 하나님 여호와가 이르노니 나는 이혼하는 것과 학대로 옷을 가리우는 자를 미워하노라. 만군의 여호와의 말이니라.' 그러므로 너희 심령을 삼가 지켜 궤사를 행치 말지니라. 너희가 말로 여호와를 괴로우시게 하고도 이르기를 '우리가 어떻게 여호와를 괴로우시게 하였나?' 하는도다. 이는 너희가 말하기를 '모든 행악하는 자는 여호와의 눈에 선히 보이며 그에게 기쁨이 된다' 하며 또 말하기를 '공의의 하나님이 어디 계시냐?' 함이니라."

하나님은 아내나 남편을 버리고 정욕을 따라가는 것을 미워하십니다. 뒤집어 말하면 세상에서 유명해지고 교회에서 봉사 잘하는 것보다 아내나 남편에게 잘해 주고 지킬 것을 지키는 것이 진정으로 복 받는 길이라는 것입니다.

여러분이 하나님을 알지 못할 때 그가 미워하시는 일들을 했을 수 있습니다. 그래서 예수를 믿고 난 후에도 그 기억 때문에 기쁨을 빼앗길 수 있습니다. 그러나 하나님은 진정으로 회개하고 돌아오는 자들의 과거를 치료해 주시며, 새롭게 출발할 수 있게 해 주시고, 풍성한 삶을 살 수 있게 해 주십니다. 그것을 본인도 인정해야 하고 교회도 인정해야 합니다.

오늘 본문은 한 민족의 종교였던 여호와 신앙이 세계적인 것으로 변화하는 과정에서 유다 백성들이 겪었던 큰 혼란을 보여 주고 있습니다. 그들은 이방 여자들과 결혼하면 세계화가 될 줄 알았지만 그것은 스스로 망하게 하는 짓밖에 되지 못했습니다. 진정한 세계화가 이루어지려면 성령이 임하셔야 합니다. 그때까지 그들은 자기 욕심에 경계선을 긋고 말씀에 복종하며 살아야 했습니다.

어떻게 해야 좁은 틀에서 벗어나 모든 사람을 끌어안는 신앙을 가질 수 있습니까? 그 방법은 성경 속으로 더 깊이 들어가는 것입니다. 그러면 세계가 우리 속으로 들어오게 되어 있습니다. 또한 우리는 성령을 통해 더 폭넓고 무한한 사랑으로 사람들을 포용할 수 있습니다. 신문이나 외국 시사잡지를 읽는다고 세계화가 되는 것이 아닙니다. 성령께 깊이 복종하는 것, 나의 심령을 치고 삶을 쳐서 복종시키는 것만이 전 우주적인 하나님의 뜻을 이루어 드리는 길입니다.

5

언약의 사자

말라기 3:1-6

3:1 "만군의 여호와가 이르노라. 보라, 내가 내 사자를 보내리니 그가 내 앞에서 길을 예비할 것이요 또 너희의 구하는 바 주가 홀연히 그 전에 임하리니 곧 너희의 사모하는 바 언약의 사자가 임할 것이라.

2 그의 임하는 날을 누가 능히 당하며 그의 나타나는 때에 누가 능히 서리요? 그는 금을 연단하는 자의 불과 표백하는 자의 잿물과 같을 것이라.

3 그가 은을 연단하여 깨끗케 하는 자같이 앉아서 레위 자손을 깨끗케 하되 금은같이 그들을 연단하리니 그들이 의로운 제물을 나 여호와께 드릴 것이라.

4 그때에 유다와 예루살렘의 헌물이 옛날과 고대와 같이 나 여호와께 기쁨이 되려니와

5 내가 심판하러 너희에게 임할 것이라. 술수하는 자에게와 간음하는 자에게와 거짓 맹세 하는 자에게와 품군의 삯에 대하여 억울케 하며 과부와 고아를 압제하며 나그네를 억울케 하며 나를 경외치 아니하는 자들에게 속히 증거하리라. 만군의 여호와가 말하였느니라.

6 나 여호와는 변역지 아니하나니 그러므로 야곱의 자손들아, 너희가 소멸되지 아니하느니라."

3:1-6

옛날에 우리나라 지방관들이 가장 두려워했던 일은 암행어사가 갑자기 출두해서 자신들의 모든 비행을 심판하는 것이었습니다. 암행어사 일행은 그 일을 위해 초라한 행색으로 그 지방을 미리 찾아가 비행을 조사했습니다. 그러다가 증거를 잡으면 출두해서 탐관오리들을 심판했습니다. 그날은 악한 관리들에게는 심판의 날이었지만, 그 밑에서 고통받던 백성에게는 해방의 날이었습니다.

아마 요즘 공무원들도 감사원의 감사를 받는 일이 가장 두려울 것입니다. 일반 국민들이 볼 때 공무원은 대단히 권위적인 사람들입니다. 그러나 그런 사람들도 감사원의 조사관들이 들이닥치면 꼼짝없이 조사를 받아야 하며, 비리나 업무상 잘못이 있는 경우에는 가차 없이 심판을 받게 됩니다.

나라도 감사를 당할 때가 있습니다. 우리가 외환 위기를 겪으면서 IMF에 구제금융을 신청했을 때, 그 총재인 캉드쉬가 우리나라를 방문했습니다. 그의 방문은 우리나라 경제가 완전히 새로운 단계로 돌입할 것을 알리는 신호탄이었습니다. 그의 말 한마디 한마디에 우리나라 경제가 얼마나 큰 영향을 받았는지 모릅니다. 대통령도 그 앞에서는 아무 소리도 하지 못했습니다. 금융 기관들은 전문 감사 기관의 감사를 받았고 그 중 상당수가 문을 닫았습니다. 그리고 대통령이 직접 나서서 기업을 통폐합하거나 다른 나라에 팔게 하는 강도 높은 구조조정이 이루어졌습니다.

말라기 선지자는 장차 온 세상에 이런 일이 일어날 것이라고 말하고 있습니다. 하나님의 사자가 성전에 홀연히 임해서 온 세상을 뒤엎는 심판을 하신다는 것입니다. 그런데 놀라운 점은 그 하나님의 사자가 마구잡이로 사람들을 심판하시는 것이 아니라 마치 금을 연단하고 은을 연단하듯이 심판하신다는 것입니다. 금과 은은 광석 안에 섞여 있기 때문에 얼핏 보면 아무 가치 없는 돌처럼 보입니다. 그러나 그것을 깨고 부수어서 뜨거운 용광로에 녹이면 순수한 금과 은이 정련되어 나옵니다. 아마 그 당시 사람들은 이 말을 이해하기 어려웠을 것입니다. 어떻게 인간의 마음속에 있는 때와 오물을 제거해서 순수한 사람으로 만들 수 있겠습니까?

이 세상의 법으로는 겉으로 드러난 불법행위만 심판할 수 있을 뿐, 남들 몰래 지은 죄나 마음으로 지은 죄는 심판할 길이 없습니다. 그러나 하나님의 사자가 오시면 사람의 마음속 깊은 곳을 살펴서 그 안에 있는 금과 은을 정련해 내실 것이며, 정련할 금과 은이 전혀 없는 사람들은 불로 심판하실 것입니다.

인류 역사에는 분수령이라고 할 만한 사건들이 여럿 있습니다. 요즘은 특히 인터넷에 대해 이야기하는 사람들이 많습니다. 정치적인 부분에서도 많은 정보와 주장들이 인터넷을 통해 전달되면서, 정치인의 생명까지 좌지우지하는 일들이 일어나고 있습니다. 그러나 인터넷의 등장보다 훨씬 더 중요한 변화가 무엇입니까? 인간의 마음속에 들어 있는 금과 은을 정련할 수 있는 시대, 순수한 양심과 믿음을 만들어 낼 수 있는 시대가 도래한 것입니다. 이 시대를 여신 분이 바로 그리스도십니다. 예수 그리스도는 이 세상의 어떤 학문이나 권력으로도 할 수 없는 일을 하십니다. 그것은 인간의 마음을 연단해서 금이나 은처럼 만드시는 것입니다.

진정으로 현명한 사람은 눈에 보이는 재물이나 명예를 많이 쌓아 놓는 자들이 아니라, 마음의 연단을 받아서 보이지 않는 금과 은을 수북이 쌓아 놓는 자들입니다. 하나님은 마음을 심판하십니다. 사람은 마음을 보지 못하기 때문에 겉으로 드러난 행동만 보고 판단하지만, 하나님은 마음속에 있는 모든 것을 보고 판단하십니다.

그리스도인들은 나중에 하나님의 심판대 앞에 서서 심판받는 대신 이 세상에서 미리 심판받습니다. 성령께서 우리 양심을 통해 책망하시는 것이 바로 그것입니다. 그 양심의 심판이 얼마나 고통스럽고 절망스러운지 마치 이 땅에서 지옥을 맛보는 것 같습니다. 그러나 일단 그렇게 연단받은 사람은 흠 없고 깨끗한 모습으로 하나님 앞에 설 수 있습니다.

두 명의 사자

하나님은 두 명의 사자에 대해 말씀하십니다. "만군의 여호와가 이르노라. 보라, 내가 내 사자를 보내리니 그가 내 앞에서 길을 예비할 것이요 또 너희의 구하는 바 주가 홀연히 그 전에 임하리니 곧 너희의 사모하는 바 언약의 사자가 임할 것이라"(3:1).

사절단에는 여러 종류가 있습니다. 친선사절단처럼 비교적 상대하기 쉬운 사람들이 있는가 하면, 왕이나 대통령을 대신해서 파견되는 좀더 비중 있는 사람들도 있습니다. 이렇게 비중 있는 사절단은 국가간의 심각하고 예민한 문제를 다루기 위해 찾아오는 경우가 많은데, 그럴 때 회담이 결렬되면 전쟁이라는 최악의 결과가 초래될 수도 있습니다.

하나님은 두 명의 사자를 보내겠다고 하십니다. 첫 번째 사자는 "내 사자"로서 주의 길을 미리 예비하는 역할을 할 것이며, 두 번째 사자는 "너희의 구하는 바 주"이자 "언약의 사자"로 세상에 오실 것입니다.

이전에도 하나님은 세상에 사자들을 보내서 메시지를 전하게 하셨습니다. 천사들을 직접 보내실 때도 있었지만, 인간 선지자들을 보내실 때가 더 많았습니다. 그런데 그 선지자들은 대개 예루살렘 성전에서 말씀을 전했기 때문에, 세상 나라들이 하나님의 뜻을 알려면 성전에 사자를 파견해서 선포되는 말씀을 들어야 했습니다. 마치 담임선생님이 학급에 전달하는 중요한 사항을 반장의 입을 통해 듣는 것과 같습니다. 그 말을 잘 듣지 않고 장난만 치거나 딴짓을 하는 학생은 결국 자기만 손해를 입을 것입니다.

이스라엘이 한창 전성기를 구가할 때에는 여러 나라 사신들이 아예 예루살렘에 상주하고 있었습니다. 워싱턴이나 런던이나 도쿄 같은 중요한 나라의 수도에 여러 나라 신문사의 특파원들이 상주하듯이 여러 나라 사신들이 예루살렘에 상주하면서 선지자들의 말에 귀를 기울였던 것입니다. 오늘날도 마찬가지입니다. 앞으로 세상에 일어날 일을 가장 먼저 들을 수 있는 곳은 교회입니다. 하나님은 교회의 예배를 통해 세상에 대한 자신의 계획과 뜻을 선포하십니다. 거기에 귀를 기울여야 하는 사람들은 우리 그리스도인들만이 아닙니다. 정치인이나 경제인들을 비롯한 세상 모든 사람들도 귀를 기울여야 합니다.

하나님이 말라기를 통해서 전하시는 소식이 무엇입니까? 장차 아주 중요한 날이 올 텐데, 그때 두 명의 사자를 동시에 보내신다는 것입니다. 그 중 한 명은 말라기의 이름 뜻과 똑같은 "나의 사자"로서 뒤에 오실 또 다른 사자의 길을 예비할 인물이며, 진짜 주인공은 그 뒤에 오실 "언약의 사자"입니다.

우리가 아는 바처럼 첫 번째 사자는 세례 요한이고, 두 번째 사자는 예수 그리스도십니다. 세례 요한은 설교할 때마다 자신의 뒤에 오실 분의 능력이 더 크다는 점을 강조했습니다. 그리고 사람들에게 세례를 줄 때에도 "나는 너희에게 물로 세례를 주었거니와 그는 성령으로 너희에게 세례를 주시리라"(막 1:8)라고 말했습니다.

하나님께 먼저 보내심을 받는 "나의 사자"부터 살펴봅시다. 우리는 이 말에서 상당한 애정을 읽을 수 있습니다. 이 말에는 '내가 참으로 아끼고 사랑하는 사람을 사자로 보낸다'라는 뜻이 담겨 있습니다. 세례 요한은 하나님이 아주 아끼시는 종이었습니다. 그는 자신을 "광야에서 외치는 자의 소리"라고 불렀습니다. "외치는 자의 소리여, 가로되 너희는 광야에서 여호와의 길을 예비하라. 사막에서 우리 하나님의 대로를 평탄케 하라. 골짜기마다 돋우어지며 산마다, 작은 산마다 낮아지며 고르지 않은 곳이 평탄케 되며 험한 곳이 평지가 될 것이요"(사 40:3-4).

이것은 원래 유다 백성들이 바벨론에서 돌아올 일에 대해 예언한 말씀입니다. 즉, 하나님께 범죄하여 포로로 잡혀 간 유다 백성들을 하나님이 친히 바벨론까지 찾으러 가신다는 의미에서 이 예언을 한 것입니다. 옛날에 왕이 행차할 때에는 수많은 군인들과 백성들이 함께 따라갔기 때문에 수개월 전부터 미리 길을 닦아 놓곤 했습니다. 중간에 골짜기가 있으면 메워서 평평하게 만들었고, 높은 산이 있으면 깎아서 평평하게 만들었습니다. 특히 예루살렘에서 바벨론까지는 산도 많고 골짜기도 많았기 때문에 더 길을 닦아 놓을 필요가 있었습니다. 세례 요한은 자신을 바로 그 길을 닦는 사람에 비유한 것입니다.

요즘도 대통령이 어느 지역을 방문할 때에는 경호실 요원들이나 경찰이 출동해서 대통령이 지나갈 길을 미리 점검하고 준비해 놓습니다. 그런데 옛날에는 정비된 길이 별로 없었던 데다가 수행 인원은 훨씬 많았기 때문에 큰길을 미리 닦아 놓아야 했습니다. 그래서 짧게는 수개월, 길게는 수년 전부터 사자가 파견되어 왕이 지나갈 길을 확보해 놓곤 했습니다.

그런데 문제는 유다 백성들이 바벨론에서 돌아올 때에는 이런 일이 일어나지 않았다는 것입니다. 하나님의 사자가 미리 와서 길을 준비하고 다리를 만드는 일 같은 것은 일어나지 않았습니다. 고레스가 바벨론을 무너뜨린 후 예루살렘으로 돌아가라는 칙령을 내리자 유다 백성들이 알아서 길을 찾아 돌아왔을 뿐입니다. 그렇다면 이사야의 예언은 대체 어떻게 된 것입니까?

바벨론에서 돌아온 것은 진정한 귀환이 아니었습니다. 그것은 일종의 상징적인 사건에 불과했습니다. 실제적인 귀환은 따로 이루어질 것입니다. 하나님을 모르던 사람들이 전 세계에서 예수 그리스도께로 돌아오는 일이 일어나는 것입니다. 이 예언은 바로 그 일에 대한 것입니다. 바벨론에서 돌아온 것은 진정한 구원이 아니라 구원의 시작에 불과했습니다. 돌아온 유다 백성들은 일종의 선발대라고 할 수 있었습니다. 대대적인 구원은 세례 요한이 온 이후부터 이루어질 것입니다. 그때는 누구든지 예수의 이름을 부르기만 하면 구원을 받을 것이며 기도하기만 하면 무한정의 능력을 받을 것입니다. 예수 그리스도의 십자가를 통해 하늘로 통하는 문이 열릴 것이기 때문입니다.

그런데 인간은 무지해서 예수를 알아보지도 못하며 그를 통해 이렇게 엄청난 축복의 문이 열린다는 사실도 깨닫지 못할 가능성이 큽니다. 그래서 그들에게 예수를 소개해 줄 사람이 필요한 것입니다. 예수님이 오시기 전에는 세례 요한이 그 일을 했고, 예수님이 승천하신 후에는 사도 바울이 그 일을 했습니다.

악한 마귀가 저지른 짓 중에 가장 치명적인 것은 사람들의 마음을 죄로 태워서 황폐하게 만들어 버린 것입니다. 그래서 하나님의 아들이 친히 와서 구원의 문을 여셨는데도 사람들은 그 사실을 인정하거나 받아들이지 않고 있습니다. 그렇기 때문에 세례 요한처럼 사람들의 마음을 평탄케 만들어서 그리스도께로 직행할 수 있도록 돕는 '도우미' 들이 필요합니다.

어떤 사람은 산처럼 마음이 높아져 있어서 예수님을 인정하지 못하며, 어떤 사람은 골짜기처럼 마음이 패여 있어서 예수님을 받아들이지 못합니다. 또 어떤 사람은 스스로 의롭다고 생각해서 예수님을 믿지 못하고, 어떤 사람은 너무 비참하고 힘든 삶을 살아왔기 때문에 예수님을 믿지 못합니다. 이런 사람들에게는 안내자의 도움이 필요합니다. 너무 높아진 마음은 좀 깎아 내고 너무 낮아진 마음은 좀 돋우어서 예수님의 말씀을 바로 받아들일 수 있도록 도와줄 사람들이 필요한 것입니다.

오늘 우리는 세례 요한의 심정으로 믿지 않는 사람들에게 나아가야 합니다. 그들은 하나님에 대한 오해도 많고 죄책감도 심해서 정상적으로 주님의 말씀을 받아들일 수가 없습니다. 그렇기 때문에 우리가 나서서 하나님의 사랑을 가르쳐 주어야 하며, 아무리 큰 죄인도 예수의 이름만 믿으면 새로운 삶을 살 수 있다는 사실을 가르쳐 주어야 하는 것입니다.

사람들의 가장 큰 오해가 무엇입니까? '하나님은 나를 사랑하시지 않는다'라는 것입니다. 하나님이 자신을 사랑하신다면 오늘날까지 이렇게 살게 하셨을 리가 없다는 거예요. 또 어떤 사람은 하나님이 한 번도 자신의 기도를 들어주신 적이 없기 때문에 자신을 사랑하시지 않는다고 확신하기도 합니다. 그런 사람들은 마치 자폐증에 걸린 어린아이와 같아서 아무리 이야기를 해 주어도 알아듣지 못합니다. 그런 사람들에게는 개인적으로 찾아가서 인내심을 가지고 하나님의 사랑에 대해 많은 이야기를 해 줄 필요가 있습니다. 그래야 비로소 마음 문을 열고 복음을 받아들일 수 있습니다.

언약의 사자가 오리라

말라기의 예언 중에서 가장 중요한 것은 아주 특별한 신분을 가지신 여호와의 사자가 이스라엘을 방문하신다는 것입니다. 그가 얼마나 특별한 분이신지, 인간들은 그에 대한 이야기를 들어도 믿지 못할 것입니다.

정당한 신분을 가진 이가 찾아왔는데도 사람들이 그 사실을 의심하고 믿어 주지 않는 것보다 안타까운 일은 없습니다. 예를 들어 사령관이 자기 부대로 들어가려 하는데 보초가 알아보지 못하고 막아서거나, 대통령이 초라한 차림새로 청와대로 들어가려 하는데 경비 서는 군인이나 경찰이 알아보지 못하고 유치장에 가두어 버린다면 얼마나 답답하겠습니까? 그런데 이 언약의 사자가 바로 그런 일을 당했습니다. 자기 땅에 오셨는데도 자기 백성들이 영접하지 않은 것입니다.

구약 이스라엘의 역사를 보면 한 특별한 천사가 이스라엘 백성들과 늘 함께하셨음을 알 수 있습니다. 그는 성부 하나님이 아님에도 불구하고 '여호와'라고 불리는 경우도 있었고, '천사'라고 불리는 경우도 있었습니다. 그러나 다른 천사와는 분명히 다른 존재였기 때문에 모세 같은 사람은 정관사를 붙여서 '그 천사'라고 표현하기도 했습니다. 이스라엘 백성들이 존재할 수 있었던 것은 그 천사가 신적인 능력으로 늘 지켜 주셨기 때문입니다. 그런데 그들이 우상을 섬김으로써 하나님과 맺은 언약을 깨뜨렸을 때, 하나님은 그들을 버리셨으며 언약의 사자도 이스라엘을 떠나셨습니다. 그러자 이스라엘은 곧 망해 버렸습니다. 이스라엘은 신적인 능력으로 지켜지는 나라입니다. 그렇기 때문에 여호와의 사자가 도와주시지 않으면 망할 수밖에 없습니다. 그런데 말라기 선지자가 말하는 것이 무엇입니까? 그 여호와의 사자가 다시 예루살렘에 오신다는 것입니다.

중요한 점은 그가 왜 다시 예루살렘에 오시느냐 하는 것입니다. 그는 이스라엘 자손들을 심판하기 위해 오시는 것입니까, 그들을 다시 구원해서 새 언약을 맺기 위해 오시는 것입니까? 그가 오시는 데에는 두 가지 목적이 다 있습니다. 새 언약을 통해 말씀으로 돌아오는 자들은 구원하며, 끝까지 거부하는 자들은 심판하기 위해 오시는 것입니다.

1절 하반절을 다시 보십시오. "또 너희의 구하는 바 주가 홀연히 그 전에 임하리니 곧 너희의 사모하는 바 언약의 사자가 임할 것이라."

하나님은 이 언약의 사자야말로 "너희의 구하는 바"이며 "너희의 사모하는 바"라고 말씀하십니다. 그것은 이스라엘 자손들이 지금까지 고통 가운데 기도하고 부르짖으며 간절히 원하던 모든 것이 이분 속에 다 들어 있다는 뜻입니다. 이분만 오시면 그들이 간구하던 모든 일이 응답될 것입니다. 예수 그리스도는 모든 고통과 모든 문제의 해답이시며, 모든 기도의 응답이십니다.

그런데 왜 굳이 이분을 "언약의 사자"라고 부르는 것일까요? 무엇보다 먼저 생각할 것은 이 "언약"이 과거 시내 산에서 맺은 언약과는 완전히 다른 새 언약이라는 사실입니다. 이스라엘 백성들이 애굽에서 나와 시내 산에 이르렀을 때 하나님은 그들과 언약을 맺으셨습니다. 이스라엘 백성들은 율법을 다 지켜 행하기로 약속함으로써 하나님의 백성이 되었고 하나님은 그들의 하나님이 되어 주셨습니다.

그런데 그 언약의 특징이 무엇입니까? 놀라운 위엄과 권세는 있었지만, 사람의 마음을 완전히 치료할 능력은 없었다는 것입니다. 그들이 하나님과 언약을 맺었을 때 시내 산 전체가 진동했고 영광의 구름이 산 전체를 뒤덮었기 때문에 아무도 가까이 접근하지 못했습니다. 하나님의 능력은 화산 폭발이나 지진처럼 엄청난 것이었습니다. 그런데 그 무시무시한 능력이 이스라엘 백성들에게는 축복으로 나타났습니다. 바위에서 물이 솟구치며, 하늘에서 신령한 양식이 내리고, 요단 강이 갈라지며, 여리고 성이 무너지는 축복으로 나타난 것입니다.

이처럼 시내 산 언약에는 하나님의 무서운 심판을 축복으로 바꾸는 힘이 있었습니다. 그럼에도 이스라엘 백성들의 부패하고 타락한 심령은 고치지 못했습니다. 그들은 산에 올라간 모세가 내려오지 않자 곧바로 금송아지를 만들어 숭배했고, 광야에서도 기회가 생길 때마다 원망하고 불평하며 하나님을 대적했습니다. 이처럼 그들은 놀라운 축복을 받았으면서도 온전히 감사드리지 못했습니다. 시내 산 언약에는 믿는 자들을 축복할 능력은 있었지만 의도적으로 반역하는 자들의 마음을 고칠 능력은 없었기 때문입니다. 하나님은 언제나 신실하셨지만 이스라엘 백성들은 그렇지 못했습니다. 그래서 그들은 결국 망하고 말았습니다.

그런데 이제 하나님이 하고자 하시는 일이 무엇입니까? 시내 산이 아니라 예루살렘에서 새 언약을 맺으시는 것입니다. 예수 그리스도의 십자가 죽음을 통해 우리 죄를 단번에 대속하시고 은혜로 우리를 인도해 주시는 것입니다. 이제 하나님은 우리의 행동을 일일이 보지 않으십니다. 오직 예수 그리스도의 십자가 죽음을 보시고 우리가 전부 순종한 것으로 간주해 주십니다. 그리고 그 예수를 믿는 믿음으로 살기만 하면 삶의 모든 부분을 책임져 주십니다.

이것은 마치 학생들이 극장에 단체로 입장하는 것과 같습니다. 극장은 학교 측과 일괄 계약을 맺기 때문에 학생 한 사람 한 사람의 표를 일일이 확인하지 않습니다. 또 배에 탈 때 식사비까지 전부 포함된 표를 사면 밥을 먹을 때마다 일일이 돈을 내지 않아도 되는 것과도 같습니다. 모든 값을 한꺼번에 지불한 사람은 배 안에서 제공해 주는 모든 특전을 누리기만 하면 됩니다.

언약의 사자는 바로 그 일을 위해 예루살렘 성전에 임하실 것이며, 자신의 죽음을 통해 영원히 변치 않을 새 언약을 세우실 것입니다. 실제로 예수님은 이 땅에 오셨을 때 "너희가 이 성전을 헐라. 내가 사흘 동안에 일으키리라"(요 2:19)라고 말씀하셨습니다. 사도 요한은 그것이 성전 된 주님의 육체를 가리키는 말씀이라고 덧붙이고 있습니다. 예수님은 여러 차례 성전에 올라가셨지만 그 결과는 좋지 않았습니다. 유대인들은 그를 미워해서 죽이려 했고, 결국 유월절에 성 밖으로 끌고 나가서 십자가에 못 박아 죽여 버렸습니다. 그런데 그가 운명하실 때 어떤 일이 일어났습니까? 성전 지성소와 성소를 가리고 있던 휘장이 위에서부터 아래까지 죽 찢어져서 누구든지 지성소로 들어갈 수 있게 되었습니다.

이처럼 그리스도가 십자가 위에서 세우신 새 언약의 특징은 무엇입니까? 시내 산 언약과는 달리 사람의 마음을 치료한다는 것입니다. 이스라엘 백성들은 시내 산 언약을 맺은 직후에도 금송아지를 섬기며 음란한 짓을 했지만, 새 언약을 맺은 우리는 마음으로부터 죄를 싫어하게 될 뿐 아니라 누가 강요해서가 아니라 정말 하나님이 좋아서 신앙생활을 하게 됩니다. 이것은 인류에게 일어날 수 있는 일 중에 가장 위대한 일입니다.

사람들은 인간을 치료하기 위해 많은 것들을 만들어 냈습니다. 그 수많은 교육기관들도 전부 인간을 인간답게 만들기 위해 만든 것들입니다. 그러나 어떤 것도 인간의 마음을 치료할 수는 없습니다. 인간의 마음을 치료할 수 있는 것은 오직 한 가지, 예수 그리스도의 십자가뿐입니다.

새 시대의 특징

하나님의 아들이 세상에 오실 때 나타나는 중요한 특징이 무엇입니까? "그의 임하는 날을 누가 능히 당하며 그의 나타나는 때에 누가 능히 서리요? 그는 금을 연단하는 자의 불과 표백하는 자의 잿물과 같을 것이라"(3:2).

여기에서 그를 당하지 못한다는 것은 그 힘이나 고집을 당하지 못한다는 뜻이 아니라, 그가 인간들의 마음을 다 아시므로 아무도 그 앞에서 죄 없다고 거짓말할 수 없다는 뜻입니다.

명백히 큰 죄를 지은 사람들이 경찰이나 검사 앞에서 끝까지 죄가 없다고 우기는 것을 보면 정말 강심장이라는 생각이 듭니다. 우리처럼 평범한 사람들은 첫 질문만 받아도 지레 겁을 먹고 자백할 것 같습니다. 그러나 사실은 우리도 예수님을 알기 전까지는 양심이 강철처럼 단단해서 자기 죄를 깨닫지 못하던 사람들이었습니다. 아무 죄 없이 십자가에 못 박혀 죽으신 하나님의 아들을 보면서 죽은 양심이 되살아났기 때문에 스스로 죄인인 줄 알게 된 것입니다.

예수를 피상적으로 알던 사람들은 그를 갈릴리의 목수로만 생각했습니다. 그러나 인격적으로 만난 사람들은 모두 하나님의 아들로 고백하지 않을 수 없었습니다. 그는 자신들의 모든 것을 속속들이 알고 계셨기 때문입니다. 하나님이 아니시라면 도저히 알 수 없는 은밀한 것들까지 알고 계셨기 때문입니다.

나다나엘은 무화과나무 아래 앉아 무언가에 대해 고민하는 시간을 가졌던 것 같습니다. 그가 대체 무엇 때문에 그 나무 아래 앉아 있었는지 아는 사람은 아무도 없었습니다. 그러나 예수님은 알고 계셨습니다. 또 수가 성 여인은 예수님을 지나가는 나그네 정도로 생각했지만, 자신의 남편이 다섯이나 있었다는 사실과 지금 남편도 진짜 남편이 아니라는 사실까지 아시는 것을 보고 깜짝 놀라 "주여, 내가 보니 선지자로소이다"(요 4:19)라고 말했습니다.

예수님은 우리의 모든 것을 알고 계십니다. 우리는 결코 그의 눈을 속일 수가 없습니다. 그는 불꽃 같은 눈으로 우리의 인생 전체를 살펴보고 계십니다. 원래 우리는 그 소멸하는 불에 타서 죽을 수밖에 없는 죄인들입니다. 그러나 예수님은 우리를 죽이기 위해 오신 분이 아니라 살리기 위해 오신 분입니다. 그렇기 때문에 그 불꽃 같은 눈앞에서도 죽지 않을 수 있으며, 그 발 앞에 엎드려 회개하기만 하면 죄 사함을 얻고 새 삶까지 선물로 받을 수 있습니다.

여호와의 사자는 단지 죄인들을 멸망시키는 불로만 오시는 것이 아니라 금을 연단하는 불로 오실 것입니다. 원래 금은 여러 가지 불순물들과 뒤섞여 있기 때문에 순수한 금을 얻으려면 원석을 뜨거운 불에 넣어서 녹여야 합니다. 그것도 약간만 녹이는 것이 아니라 완전히 녹여서 모든 찌꺼기를 분리해 내야 합니다.

그는 이처럼 "금을 연단하는 자의 불"로 오시며 "표백하는 자의 잿물"로 오실 것입니다. 옷에 심한 얼룩이 생겼을 때 물로만 빨아서는 지울 수가 없습니다. 양잿물에 푹푹 삶아서 방망이질을 해야 합니다. 물론 빨랫감의 입장에서는 그 과정이 무척 고통스러울 것입니다. 그러나 그 과정만 거치고 나면 눈부시게 깨끗해질 수 있습니다.

이것은 여호와의 사자가 그만큼 우리를 철저하게 회개시키신다는 뜻입니다. 구약 시대의 율법은 금이 섞인 원석을 녹이는 것이 아니라 깨뜨리는 것과 같아서 완전히 순수한 정금은 얻을 수가 없었고, 얼룩진 옷을 잿물로 빠는 것이 아니라 찬물에 넣고 흔드는 것과 같아서 아무리 빨아도 완전히 깨끗하게 만들 수 없었습니다. 다시 말해서 율법으로는 사람들의 병든 양심을 고칠 수 없었다는 것입니다. 물론 죄가 무엇인지는 알려 줄 수 있었습니다. 그러나 일단 죄의 충동이 일어나면 막을 수가 없었습니다.

그러나 신약 시대에는 어떻습니까? 성령으로 우리의 잠재의식 속에 들어 있는 죄성까지 들추어내서 전부 회개하게 하십니다. 이것이 언약의 사자가 주시는 가장 중요한 축복입니다. 대개 사람들은 죄의 충동을 행동으로 옮겼을 때에만 죄의식을 느낍니다. 그것도 명백한 사회법을 어겼을 때, 사람들에게 들통나서 비난받을 때에만 죄의식을 느낍니다. 양심이 얼마나 무뎌졌는지 아무리 큰 죄를 지어도 남들만 모르면 슬쩍 넘어가려 드는 것이 인간의 모습입니다. 그러나 예수를 믿는 사람들은 생각으로만 죄를 지었을 때에도 양심의 큰 고통을 겪습니다. 왜냐하면 성령이 그 안에서 역사하시기 때문입니다. 성령은 아주 작은 죄의 유혹에 마음으로만 넘어간 일까지 전부 들추어내시기 때문에 철저하게 회개하지 않으려야 회개하지 않을 수가 없습니다. 그것이 바로 금을 녹이는 역사이며 잿물로 빠는 역사입니다.

하나님의 백성이 죄의 유혹인 줄 알면서도 거기에 넘어가면 성령이 주시는 기쁨은 전부 사라지고 지옥 같은 고통이 찾아옵니다. 하나님의 뜻이 아닌 줄 알면서도 남을 미워하거나 음란한 생각을 하면 모든 기쁨을 거두어 가시며, 그 죄를 속속들이 토하기 전까지 결코 평안한 마음을 주시지 않습니다.

또한 하나님은 우리가 죄짓기 전에도 미리 어려움과 환난을 주셔서 교만이 고개를 쳐들지 못하게 하십니다. 하나님에게서 멀어지게 만들 만한 요소는 아예 허락지 않으시고, 필요할 경우에는 사회적인 불구자로까지 만들어서 '어쨌든 교만하면 망한다. 음란하면 지옥으로 직행한다'라는 것을 분명히 가르치십니다. 이처럼 하나님은 새 언약의 백성들을 이 땅에서 미리 녹이고 표백해서 흠도 없고 티도 없는 모습으로 심판대 앞에 서게 하십니다.

은혜를 받고 나면 평소에는 전혀 죄라고 생각지 않았던 것들이 엄청나게 확대되어 눈앞에 나타나게 됩니다. 이를테면 농담으로 지껄였던 말 속에 얼마나 하나님을 욕되게 하고 조롱하는 요소가 들어 있었는지 깨닫는 식입니다. 주님이 가까이 오시면 죄에 대해 엄청나게 민감해집니다.

하나님은 새 시대에 무엇보다 예배가 영광스러워질 것이라고 말씀하십니다. "그가 은을 연단하여 깨끗케 하는 자같이 앉아서 레위 자손을 깨끗케 하되 금은같이 그들을 연단하리니 그들이 의로운 제물을 나 여호와께 드릴 것이라"(3:3).

여기에서 "레위 자손"은 구약 시대의 제사장들이 아니라 신약 시대의 성도들을 가리킵니다. 신약 시대의 성도들은 모두 깨끗함을 받은 레위 자손입니다. 하나님은 그들을 연단하되 순수한 금이나 은같이 연단해서 의로운 제물을 드리게 하겠다고 말씀하십니다.

하나님은 여호와의 사자가 십자가 위에서 바치신 몸을 의로운 제물로 받으셨습니다. 그렇다면 우리는 어떻게 의로운 제물을 바칠 수 있을까요? 신약의 제사는 두 가지 측면에서 구약의 제사와 구별됩니다. 첫째는 짐승의 피 대신 상한 마음을 바치는 것이고, 둘째는 삶 속에서 죄를 물리치는 것입니다.

은혜를 받은 사람은 작은 욕망부터 버리기 시작합니다. 처음에는 아주 사소한 것을 포기합니다. 컴퓨터 게임을 포기하기도 하고, 텔레비전 드라마를 포기하기도 하며, 하나님이 기뻐하시지 않는 세상적인 사귐을 포기하기도 합니다. 물론 그런 것을 포기했다고 해서 당장 순수한 금과 은이 되는 것은 아닙니다. 아직도 순결해져야 할 부분이 많이 남아 있습니다. 그러나 이처럼 욕망의 일부를 포기하는 것은 참으로 위대한 일입니다.

사소한 것이라도 포기하고 하나님께 나아가는 자들에게는 예배가 그렇게 감격스럽고 기쁠 수가 없습니다. 하나님은 그런 자들에게 기쁨의 화관을 씌워 주십니다. 믿지 않는 사람들은 "이것도 못하고 저것도 못하면 대체 무슨 재미로 세상을 사느냐?"라고 묻습니다. 그러나 그들이 모르는 사실이 무엇입니까? 세상의 좋은 것들을 전부 다 합쳐도 예배의 기쁨에는 미치지 못한다는 것입니다. 하나님과 만나는 기쁨을 능가할 기쁨은 없습니다.

또한 하나님이 말씀하시는 것이 무엇입니까? "그때에 유다와 예루살렘의 헌물이 옛날과 고대와 같이 나 여호와께 기쁨이 되려니와 내가 심판하러 너희에게 임할 것이라. 술수하는 자에게와 간음하는 자에게와 거짓 맹세 하는 자에게와 품꾼의 삯에 대하여 억울케 하며 과부와 고아를 압제하며 나그네를 억울케 하며 나를 경외치 아니하는 자들에게 속히 증거하리라. 만군의 여호와가 말하였느니라"(3:4-5).

그리스도는 끝까지 복음에 순종하지 않는 자들을 무섭게 심판하실 것입니다. 여기에서 "술수하는 자"란 점을 치면서 우상을 섬기는 자들을 가리킵니다. 사람들이 왜 술수를 부립니까? 자기 욕심을 잘라 버리기가 싫기 때문입니다. 그래서 그들은 간음하고 거짓 맹세를 하며 다른 사람들을 억울하게 만듭니다. 그들은 믿음의 할례 받기를 거부하는 자들입니다. 그리스도의 불에 녹기를 거부하는 자들이며, 그리스도의 양잿물에 잠기기를 싫어하는 사람들입니다. 여호와의 사자는 그런 자들의 삶에 간섭지 않으십니다. 그 상태로 내버려 두어서 실컷 죄짓다가 망하게 하십니다. 그렇기 때문에 자기 욕심대로 사는데도 하나님이 가만히 내버려 두시는 사람이야말로 세상에서 가장 불쌍한 사람입니다. 하나님이 사랑하시는 자녀는 절대 그렇게 내버려 두시지 않습니다. 방망이로 빨래 패듯이 주야로 두들겨 패서 정결하게 만드십니다.

6절을 보십시오. "나 여호와는 변역지 아니하나니 그러므로 야곱의 자손들아, 너희가 소멸되지 아니하느니라."

우리의 걱정이 무엇입니까? '남들은 저렇게 세상의 좋은 것들을 다 누리면서 사는데, 나는 이렇게 하나님이 주야로 태우고 녹이시니 언제나 행복하게 살 수 있을까? 나는 분명히 세상에서 소멸되어 버릴 거야. 돈도 못 벌고 집도 못 사고 결혼도 못하고 구질구질하게 살다가 죽을 거야'라는 것입니다. 그러나 하나님은 변역지 않으십니다. 우리를 연단하기 시작하셨으면 반드시 끝까지 책임지실 것입니다. 한번 손을 대기 시작하셨으면 반드시 놀라운 작품을 만들어 내실 것입니다.

지금 어려움을 겪고 있습니까? 놀라운 결과를 기대해도 좋습니다. 천사보다 더 아름다운 사람으로, 교만이라고는 찾아볼 수도 없는 거룩한 사람으로 만들어 놓으실 것입니다. 하나님이 죄를 용납하시는 것처럼 보일 때가 가끔 있지만 절대 그렇지 않습니다. 결국 우리가 영원히 살 수 있는 길은 지금 자발적으로 하나님의 세탁기에 들어가 두들겨 맞고 정결케 되는 것입니다. 당장 어려움이 없는 분들도 스스로 하나님 앞에 낮추시기 바랍니다. 그것이 영구히 소멸되지 않고 사는 길입니다.

사랑하는 성도 여러분, 지금 우리는 너무나도 위대한 시대에 살고 있습니다. 눈을 들어 보좌 우편에 계신 그리스도를 바라보십시오. 세상에서 실망하고 넘어졌더라도 눈을 들어 그분을 바라보십시오. 세상이 제시하는 행복의 조건들은 전부 불태워 버리십시오. 돈이나 학벌이나 명예나 권력 모두 노비문서 태워 버리듯이 태워 버리고, 오직 그리스도가 주시는 성령의 한없는 능력을 사모하십시오.

하나님이 아무리 불로 태우시고 잿물에 넣어 푹푹 삶으셔도 절대 소멸되지 않습니다. 그 불길이 뜨거우면 뜨거울수록, 그 잿물이 강력하면 강력할수록 더 거룩하고 온전한 모습으로 변화될 것입니다.

우리는 새로운 레위 자손들입니다. 하나님 앞에 정말 거룩한 백성이 되어 봅시다. 티끌만한 죄도 숨기지 않고 나아감으로써, 아무리 사소한 욕심이라도 정직하게 내려놓음으로써, 상한 마음 그대로 나아감으로써 정결함을 입고 성령의 능력으로 변화되는 성도들이 되시기 바랍니다.

6

성도의 책임

말라기 3:6-12

3:6 "나 여호와는 변역지 아니하나니 그러므로 야곱의 자손들아, 너희가 소멸되지 아니하느니라.

7 만군의 여호와가 이르노라. 너희 열조의 날로부터 너희가 나의 규례를 떠나 지키지 아니하였도다. 그런즉 '내게로 돌아오라. 그리하면 나도 너희에게로 돌아가리라' 하였더니 너희가 이르기를 '우리가 어떻게 하여야 돌아가리이까?' 하도다.

8 사람이 어찌 하나님의 것을 도적질하겠느냐? 그러나 너희는 나의 것을 도적질하고도 말하기를 '우리가 어떻게 주의 것을 도적질하였나이까?' 하도다. 이는 곧 십일조와 헌물이라.

9 너희 곧 온 나라가 나의 것을 도적질하였으므로 너희가 저주를 받았느니라.

10 만군의 여호와가 이르노라. 너희의 온전한 십일조를 창고에 들여 나의 집에 양식이 있게 하고 그것으로 나를 시험하여 내가 하늘 문을 열고 너희에게 복을 쌓을 곳이 없도록 붓지 아니하나 보라.

11 만군의 여호와가 이르노라. 내가 너희를 위하여 황충을 금하여 너희 토지 소산을 멸하지 않게 하며 너희 밭에 포도나무의 과실로 기한 전에 떨어지지 않게 하리니

12 너희 땅이 아름다워지므로 열방이 너희를 복되다 하리라. 만군의 여호와의 말이니라."

3:6-12

오늘날 스포츠가 국민들에게 미치는 정신적인 영향은 말할 수 없이 큽니다. 요즘 사방에서 들리는 소식들은 온통 부정적인 것들뿐입니다. 정치적으로는 이러이러한 이유 때문에 중국이나 일본을 당할 수 없고, 경제적으로는 또 저러저러한 이유 때문에 미국이나 일본을 당할 수 없다고 말합니다. 그런데 최근에 우리나라 선수가 올림픽 탁구 경기에서 금메달을 땄다는 소식이 날아와 온 국민의 답답한 마음을 시원케 해 주었습니다. 이를테면 작은 탁구공 하나가 민족의 자신감을 되살려 준 것입니다.

지난 월드컵 때 우리가 애초에 기대한 성적은 16강에 오르는 것이었습니다. 그런데 뜻밖에도 유럽의 강팀들을 꺾고 4강까지 올랐을 때, 외국 언론들은 한국 사람들이야말로 가장 행복한 국민들이라고 부러워하는 기사를 실었습니다. 그것은 우리가 바른 정신과 바른 원리로 나아갈 때 전 세계가 놀랄 만한 결과를 만들어 낼 수 있음을 보여 준 사건이었습니다. 그러나 정신이 해이해지고 자신감도 잃은 상태에서는 어떤 일도 제대로 해낼 수 없을 것입니다.

바벨론에서 돌아온 유다 백성들에게는 되는 일이 하나도 없었습니다. 농사는 메뚜기 떼나 병충해 때문에 엉망이 되었고, 포도 열매도 수확하기 전에 다 떨어져서 거둘 것이 없었습니다. 유다 백성들은 자신들이 열심히 일했는데도 이처럼 결과가 형편없는 이유를 알 수가 없었습니다.

그에 대해 말라기 선지자가 내린 진단이 무엇입니까? "너희는 원칙을 무시했다"라는 것입니다. 대원칙을 무시하고 눈앞의 이익에만 급급했기 때문에 이처럼 되는 일이 없다는 것입니다. 그들은 자신들이 무엇 때문에 존재하는 사람인지 생각하지 않고 욕심대로 살다가 이렇게 형편없는 결과를 얻게 되었습니다. 그러나 지금도 늦지는 않았습니다. 이제부터라도 원칙에 충실하며 기초를 철저하게 닦아 나가면 상상하지 못했던 하나님의 큰 축복을 받을 수 있습니다.

성도의 책임

말라기가 가장 먼저 지적하는 것은 유다 백성들의 놀라운 저력입니다. "나 여호와는 변역지 아니하나니 그러므로 야곱의 자손들아, 너희가 소멸되지 아니하느니라. 만군의 여호와가 이르노라. 너희 열조의 날로부터 너희가 나의 규례를 떠나 지키지 아니하였도다. 그런즉 '내게로 돌아오라. 그리하면 나도 너희에게로 돌아가리라' 하였더니 너희가 이르기를 '우리가 어떻게 하여야 돌아가리이까?' 하도다"(3:6-7).

유다 백성들은 다른 나라 백성들과 다릅니다. 이것이야말로 그들이 잊지 말아야 할 대원칙이자 기초입니다. 여기에서 출발하지 않으면 절대 좋은 결과를 얻을 수가 없습니다.

하나님은 스스로 변역지 않는 분으로 소개하고 계십니다. 즉, 언제나 변하지 않고 동일하신 분이라는 것입니다. 그 당시에 유다 백성이 완전히 소멸되지 않고 남아 있다는 것은 굉장히 경이로운 일이었습니다. 나라가 망했는데도 민족이 존속되는 경우는 거의 없습니다. 그 강한 나라들도 바벨론이나 그 밖의 제국에 망한 후에는 완전히 사라져 버리거나 다른 민족들과 혼합되어 버렸습니다. 그러나 유다 백성들은 소멸되지 않고 온전히 보전되었을 뿐 아니라, 일부는 예루살렘으로 돌아와 성전까지 재건하는 저력을 보여 주었습니다. 어떻게 이런 일이 가능할 수 있었을까요? 그들의 하나님이 변역지 않으시는 분이었기 때문입니다. 하나님은 한번 약속한 것은 반드시 지키시는 분입니다. 그러므로 하나님과 관계를 맺고 있는 사람들, 하나님의 약속을 붙들고 있는 사람들은 결코 소멸될 수가 없습니다.

우리가 반드시 기억해야 할 사실도 이것입니다. 하나님은 특별하신 분입니다. 그리고 그 하나님을 섬기는 우리도 특별한 사람들입니다. 우리나라는 이스라엘과 비슷한 점이 많습니다. 반만년이 지나도록 우리가 소멸되지 않고 남아 있는 것은 하나님의 특별한 은혜요 축복인 동시에 하나님이 우리에게 선한 계획을 가지고 계시다는 증거입니다.

사회에는 여러 기관과 단체가 있지만 그 중에서도 학교와 병원은 특별한 곳이라고 말할 수 있습니다. 한국전쟁 때 그러했듯이 전쟁이 일어나도 학교는 천막이라도 세워서 학생들을 가르치려

합니다. 또 아무리 경기가 힘들어도 병원들이 모조리 문을 닫는 일은 생기지 않습니다. 어떤 상황에서든지 사람은 배워야 미래를 기약할 수 있으며, 아프면 치료를 받아야 하기 때문입니다. 교회도 마찬가지입니다. 교회도 죄인들이 있는 한 결코 사라질 수 없는 곳입니다. 그런데 학교가 문을 닫고 병원이 사라지며 교회가 쇠락한다면, 그것은 그들이 본연의 임무를 저버린 결과입니다. 이를테면 사람을 가르치고 병을 고치고 영혼을 구원하는 본연의 임무보다 영리를 더 추구해서 감당할 수 없을 만큼 덩치를 키워 나가다가 망하는 것입니다. 본연의 임무를 지키는 한 학교나 병원이나 교회는 사라질 수가 없습니다.

유다 백성들은 자신들이 얼마나 특별한 존재인지 깨달았어야 합니다. 이렇게 완전히 망했다가 회복된 민족은 어디에도 없습니다. 70년간이나 포로로 잡혀 있다가 돌아와서 성전까지 지은 민족은 세상 어디에도 없어요. 사실 그들은 망하려야 망할 수가 없는 사람들입니다. 그들이 섬기는 하나님이 변치 않으시는 분인데 어떻게 망할 수가 있겠습니까? 그들이 망하는 것은 오직 본연의 임무를 저버릴 때뿐입니다.

우리 그리스도인들도 망하려야 망할 수 없는 사람들입니다. 물론 가시적인 축복은 좀 더디 임할 수 있습니다. 그러나 아주 망할 수는 없습니다. 왜냐하면 우리가 믿는 하나님이 특별하신 분이기 때문입니다. 그럼에도 불구하고 성도들이 망했다면 그것은 그들이 본연의 임무를 저버린 탓입니다.

하나님이 유다를 존속시키신 이유가 무엇입니까? 그들의 혈통이 우수하거나 머리가 뛰어났기 때문이 아닙니다. 하나님이 사람들을 좀더 불쌍히 여기시도록 그들의 죄를 막고 서서 기도할 사람들이 필요했기 때문에 그들을 존속시키신 것입니다. 사람이 사는 곳에는 항상 병자가 있게 마련입니다. 그러니까 좋든 싫든 누군가는 의사가 되어야 합니다. 마찬가지로 하나님이 계시고 죄인들이 있는 한 그 죄인들을 위해 하나님 앞에서 기도할 제사장 역시 반드시 있어야 합니다. 그것은 결코 사라질 수 없는 직분입니다.

유다 백성들의 가장 큰 사명은 하나님 앞에서 다른 사람들을 위해 기도하는 것이었습니다. 제사장들은 특히 그 일을 위해 구별된 자들이었습니다. 제사장들에게 가장 중요한 일은 하나님이 백성들 가운데 거하실 수 있게 하는 것입니다. 죄인들이 소멸되지 않고 하나님과 함께 거하려면 그들의 죄를 막고 서서 기도해 줄 제사장들이 있어야 합니다. 제사장들이 그들의 죄 사함을 위해 기도하며 하나님 앞에 피의 제사를 드릴 때, 그들은 망하지 않을 뿐 아니라 다른 나라와 민족에게도 복의 근원이 될 수 있는 것입니다.

거룩하신 하나님이 계시고 죄인들이 있는 한 유다 백성들은 반드시 존재해야 하며 제사장도 반드시 존재해야 합니다. 그러나 지금 유다의 현실은 어떻습니까? 제사장들이 거의 없을 뿐 아니라 그나마 남아 있는 제사장들의 형편 또한 어렵기 짝이 없습니다. 그 모든 것은 그들이 온 세상의 제사장 민족으로서 감당해야 할 사명을 잊은 데서 비롯된 결과였습니다.

하나님은 그들을 향해 "내게로 돌아오라"라고 강력히 촉구하십니다. 그들의 몸은 바벨론에서 돌아와 있었지만, 자신들의 사명은 여전히 깨닫지 못하고 있었습니다. 하나님은 그들에게 몸만 돌아온 것으로 만족하지 말고 다른 사람들의 죄 사함을 위해 기도하며 죄와 싸우는 제사장의 거룩한 사명을 되찾으라고 말씀하십니다. 사실 유다 백성들은 자신들의 문제를 해결하는 일이 너무 급했기 때문에 다른 사람들까지 생각할 여유가 없었습니다. 성전을 지은 것도 학개 선지자가 독촉해서 억지로 지은 것이었을 뿐, 세상을 위해 감당할 사명이 있다는 생각은 전혀 하지 못했습니다.

혼자서만 신앙생활 잘한다고 해서 신앙이 완전히 회복된 것은 아닙니다. 하나님은 우리가 주위의 믿지 않는 가족이나 친척들을 위해 기도하기를 원하시며 우리나라를 비롯하여 여러 나라와 민족들을 위해 기도하기를 원하십니다. 우리가 사고 없이 편안한 하루를 보낼 수 있는 것은 누군가 기도하는 사람이 있기 때문입니다. 하나님은 그 백성들이 다른 사람들의 영혼을 위해 시간이나 물질이나 노력을 사용하기를 원하십니다. 그것이야말로 성도들이 결코 놓치지 말아야 할 본연의 사명입니다.

자기만을 위한 예배는 온전한 예배가 아닙니다. 하나님은 우리에게 보이지 않는 다른 형제와 자매에 대해 물으십니다. 예수님이 열 명의 문둥병자들을 고쳐 주셨을 때 사마리아 사람 한 명만 돌아와 감사를 드렸습니다. 그러자 예수님은 그에게 "나머지 아홉은 다 어디 가고 너 혼자 왔느냐?"라고 물으셨습니다. 이것이 하나님의 심정입니다.

원래 제사장이나 유다 백성들은 남들의 영혼을 위해 자신의 이익을 포기할 줄 아는 사람들입니다. 실제로 제사장은 다른 직업을 가질 수가 없었습니다. 제가 아는 분들 중에도 다른 사람들을 섬기느라 공부할 기회도 놓치고 결혼할 시기도 놓친 이들이 있습니다. 세상은 알아주지 않지만 사실은 그들이야말로 귀하디귀한 사람들입니다.

하나님은 유다 백성들이 다른 사람들을 위해 기꺼이 자기의 직업이나 돈이나 시간을 손해 보기를 원하셨습니다. 그러나 그들은 손해 볼 생각이 전혀 없었습니다. 하나님은 그들을 향해 "내게로 돌아오라"라고 촉구하고 계십니다.

최소한 해야 할 일

하나님은 그분께 돌아오기 위해 많은 일을 하라고 요구하시지 않습니다. 하나님이 요구하시는 일은 최소한의 것입니다. 그것이 무엇입니까? 십일조와 헌물을 다시 내는 것입니다. "사람이 어찌 하나님의 것을 도적질하겠느냐? 그러나 너희는 나의 것을 도적질하고도 말하기를 '우리가 어떻게 주의 것을 도적질하였나이까?' 하도다. 이는 곧 십일조와 헌물이라. 너희 곧 온 나라가 나의 것을 도적질하였으므로 너희가 저주를 받았느니라"(3:8-9).

하나님은 유다의 형편이 이처럼 어려운 것은 그들이 하나님의 것을 도적질했기 때문이라고 말씀하십니다. 즉, 십일조와 헌물을 바치지 않아서 이렇게 되었다는 것입니다. '말라기서'라고 하면 십일조를 금방 떠올릴 정도로 이 부분은 십일조를 장려하는 본문으로 잘 알려져 있습니다. 많은 목회자들이 "십일조를 바치지 않는 것은 도둑질"이라고 말하면서 그 근거를 이 본문에서 찾고 있기 때문입니다. 그러나 이 문제에 대해서는 좀더 설명할 필요가 있습니다.

우리나라 국민이라면 누구나 지켜야 할 의무 중에 국방의 의무와 납세의 의무가 있습니다. 만약 국민들이 저마다 병역을 기피하고 세금을 내지 않으려 든다면 나라의 기반 자체가 흔들려 버릴 것입니다. 그러나 전부 군대에 다녀오고 세금을 잘 바친다고 해서 나라가 절로 번영하는 것은 아닙니다. 국민 각자가 맡은 일을 열심히 해야 합니다. 최근에 유명인사의 자녀들이 병역을 기피하거나 세금을 내지 않은 채 재산을 상속받았다고 해서 거센 비난을 받고 있는데, 이런 일들은 대체 왜 일어나는 것일까요? 애국심보다는 혼자 잘살겠다는 이기심이 더 팽배해 있기 때문입니다. 한때는 세금 많이 내고 모든 자녀가 병역의 의무를 다하게 하는 것이 큰 자랑거리였습니다. 그러나 애국심이 약화되고 개인주의가 팽배하면서 국민으로서 최소한의 의무도 이행하지 않으려 드는 사람들이 늘어나게 되었습니다.

유다를 지탱하는 힘은 제사장 제도에 있었습니다. 제사장들이 건재하며 유다 백성들의 죄를 위하여 기도하고 제사하는 한 그들은 안전할 수 있었습니다. 유다 백성들도 처음에는 제사장의 존재를 소중히 여겼습니다. 그런데 어느 순간부터 헌물과 십일조 바치는 일을 아까워하게 되었습니다. 그 결과 가난을 이기지 못하고 먹고살기 위해 성전을 떠나는 제사장들이 생겨나게 되었습니다.

십일조를 맨 처음 바친 사람은 아브라함입니다. 그는 그돌라오멜의 연합군을 격파하고 얻은 전리품의 10분의 1을 하나님의 제사장 멜기세덱에게 바쳤습니다. 그것은 하나님의 주권을 고백하고 선포하는 의미에서 바친 헌금이었습니다. 즉, '이 승리는 나의 힘으로 얻은 것이 아니라 하나님의 능력으로 얻은 것입니다' 라고 고백하고 선포하는 의미에서 십일조를 바친 것입니다.

우리가 드리는 십일조에도 '지금 저는 제 힘으로 사는 것이 아니라 하나님의 힘으로 살고 있습니다' 라는 신앙고백이 담겨 있습니다. 그러니까 십일조를 드리지 않는 사람은 '아직은 내 힘으로 산다' 라고 생각하든지, '내 힘으로 사는지 하나님 힘으로 사는지 잘 모르겠다'라고 생각하는 것입니다.

야곱은 에서를 피해 밧단아람으로 도망치는 길에서 하나님을 만나 십일조를 바치겠다고 약속했습니다. 그가 구체적으로 어떻게 그 약속을 이행했는지는 알 수가 없습니다. 그러나 그가 그렇게 약속한 데에는 '만약 제가 살아서 이곳으로 돌아온다면 그것은 제 힘이 아니라 하나님의 능력 덕분입니다'라는 고백이 담겨 있었습니다.

모세 시대에 이르러 십일조는 모든 이스라엘 백성들의 의무사항으로 명문화됩니다. 레위기는 모든 것의 10분의 1을 하나님께 바치라고 명시하고 있습니다. 그렇게 함으로써 이스라엘 백성은 누구든지 자기 힘으로 살지 않는다는 것과 그들이 결혼하고 농사짓고 자녀를 낳아 기르며 전쟁에서 승리하는 모든 일이 하나님의 은혜요 선물임을 고백하게 했습니다. 이처럼 십일조를 내는 것은 세금을 떼는 일과 분명히 다릅니다. 십일조는 하나님이 우리의 모든 삶을 책임져 주시고 축복해 주신다는 것을 인정하는 신앙고백입니다.

우리는 세상에서 공부할 때 우리 힘으로 하지 않고 하나님의 힘으로 하는 사람들입니다. 결혼도 우리 힘으로 하지 않고 하나님의 힘으로 하는 사람들입니다. 사업도 우리 힘으로 하지 않고 하나님의 힘으로 하는 사람들입니다. 즉, 우리는 하나님의 선물로만 사는 사람들입니다. 선물은 내가 노력해서 받는 것이 아닙니다. 노력하지 않아도 거저 주시는 것입니다. 우리는 그것을 고백하고 인정하는 의미에서 십일조를 드리는 것이며 헌금을 바치는 것입니다. 율법에 십일조가 포함된 데에는 하나님이 그만큼 확실하게 이스라엘 백성들의 삶을 책임져 주신다는 뜻이 들어 있었습니다.

그러나 유다 백성들은 그것을 믿지 못했습니다. "수리아 총독한테도 세금 내고 하나님께도 세금 내고, 우리는 완전히 이중과세잖아!"라고 불평하면서 십일조를 내지 않았습니다. 그것은 더 이상 하나님의 힘으로 살지 않고 자기들의 힘으로 살겠다는 뜻이었습니다.

하나님은 그들에게 하나님의 것을 도적질했다고 말씀하고 계십니다. 사실 그들은 십일조만 떼먹은 것이 아닙니다. 하나님의 은혜 전체를 떼먹은 것입니다. 지금 세상에 살고 있는 사람들은 모두 하나님의 은혜를 도적질하고 있습니다. 그들이 누리고 있는 모든 것은 하나님이 은혜로 주신 것들입니다. 하나님이 거저 맑은 물과 땅을 주시고 햇빛과 비를 주시는데도 그들은 하나님께 감사드리지 않고 있습니다. 그러나 적어도 성도들은 그렇게 해서는 안 됩니다. 적어도 성도들은 그 은혜를 인정해야 하며, 우리 삶 전체가 하나님의 선물임을 알고 감사드려야 합니다. 그 감사를 어떻게 표현할 수 있습니까? 내게 주신 한도 이상으로 욕심내지 않는 것으로, 예배드리기 위해 시간을 내는 것으로, 다른 사람들을 돕기 위해 시간을 내는 것으로 표현할 수 있습니다.

백성들의 십일조는 제사장들과 가난한 자들에게 돌아갔습니다. 하나님은 제사장들이 백성들의 십일조와 예물을 받고 그들을 위해 늘 기도하게 하심으로써 진노의 심판을 축복으로 바꾸려 하셨습니다. 그런데 그들이 하나님께 바치는 일에 인색해지자 그들을 위해 기도하는 제사장들도 사라져 버렸습니다. 그러니까 농사를 지어도 소출이 없고 장사를 해도 이익이 없었던 것입니다.

하나님이 유다를 불쌍히 여기시고 그들 가운데 거하시게 만드는 방법이 무엇입니까? 제사장들이 늘 하나님 앞에 서서 섬길 수 있게 하는 것이며, 가난한 자들이 마음 놓고 하나님의 존전에서 살 수 있게 하는 것입니다. 하나님은 우리 가운데 똑똑한 자, 힘 있는 자들이 얼마나 많은지를 보지 않으십니다. 가난한 자, 힘든 자들이 얼마나 많은지를 보시고 그들이 얼마나 기쁘게 신앙생활하고 있는지를 보신 후에 공동체 전체에 축복을 내려 주십니다. .

"사람이 어찌 하나님의 것을 도적질하겠느냐?"라는 것은 '사람이 어찌 하나님께 사기를 치겠느냐?' 라는 뜻입니다. 사람은 하나님께 사기를 칠 수 없습니다. 아나니아와 삽비라는 하나님께 사기를 치려고 하다가 죽임을 당했습니다. 재산의 절반을 바쳤으면서도 전부를 바쳤다고 거짓말을 하다가 그 자리에서 죽임을 당한 것입니다.

세상에 있는 것들 중에 하나님의 소유가 아닌 것은 하나도 없습니다. 우리는 모든 것을 하나님께 빌려 쓰고 있습니다. 그런데 그 중에서도 특별히 하나님이 자신의 것으로 구별하시는 부분이 있습니다. 무언가 아쉬워서 구별하시는 것이 아닙니다. 그 부분을 통해 구원의 역사를 일으키고자 구별하시는 것입니다. 사실 백성들의 수입은 전부 하나님의 것입니다. 그런데 그 중에서 10분의 1을 특별히 구별하여 다른 사람들의 죄 사함과 구원을 위해 쓰게 하셨습니다.

하나님의 것을 도적질하지 말라는 것은 자기 자신이나 다른 사람의 구원을 위해 하나님이 요구하시는 최소한의 것을 바치기를 아까워하지 말라는 뜻입니다. 그들이 바치는 십일조와 헌물은 구원을 위한 최소한의 예물이었으며, 이스라엘을 존재케 하는 가장 기본적인 신앙고백이었습니다.

우리가 꼭 기억해야 할 사실이 무엇입니까? 우리는 세상 사람들과 다른 존재라는 것입니다. 우리는 변역지 않으시는 하나님을 믿는 사람들이기 때문에 망하려야 망할 수가 없습니다. 그러나 우리 힘만으로 살려 들면 망할 것입니다. 내 삶의 모든 것이 하나님의 선물임을 인정하십시오. 내가 하는 모든 일을 하나님의 일로 만드십시오. 그러려면 하나님이 주신 것만으로 만족하면서 눈에 보이는 축복보다 더 큰 축복을 사모해야 합니다. 더 열심히 말씀 들어야 하고 더 열심히 기도해야 합니다. 그러면 다른 것들도 더하여 주실 것입니다.

우리는 자신이 번 것으로 사는 사람들이 아니라 하나님의 선물로 사는 사람들이기 때문에 자기 마음대로 사는 사람들에 비해 아무래도 부족하고 모자란 부분이 있을 수밖에 없습니다. 그것을 부끄러워하지 마십시오. 그것이야말로 우리의 자랑이요 진정한 축복임을 기억해야 합니다.

시도하라

하나님이 유다 백성들을 책망하시는 핵심이 무엇입니까? 그들은 하나님이 얼마나 위대한 분이신지, 자신들이 얼마나 복 받은 자들인지 모르고 있다는 것입니다. 남들만큼 재미있게 살지 못해도, 남들만큼 많은 것을 누리며 살지 못해도 하나님 앞에 얼마나 존귀한 존재들인지 모르고 있다는 거예요. 그것이 그들이 망하게 만든 가장 큰 이유입니다.

그리스도인으로서 정체성을 잃어버리면 세상과 타협하게 되어 있고 욕심에 끌려가게 되어 있습니다. 그러므로 우리는 거울을 보면서 자신이 얼마나 대단한 존재인지 자주 확인시켜 줄 필요가 있습니다. 사장이 집어던진 서류에 얻어맞고 마구 욕먹은 후에도 화장실 가서 거울 쳐다보면서 "너는 존귀한 사람이야. 사장보다 훨씬 더 존귀한 사람이야"라고 말해 주어야 합니다. 우리의 거울은 하나님의 말씀입니다. 하나님의 말씀에 비추어 자신을 깊이 바라보는 시간을 가지는 사람은 어떤 상황에서도 정체성을 지킬 수 있습니다.

그런데 하나님이 그렇게 존귀한 백성에게 어려움을 주시는 이유가 무엇입니까? 하나님께 좀더 가까이 나아오게 하시기 위해서입니다. 사람은 간사해서 조금만 돈이 생기고 유명해져도 여기저기 바쁘게 돌아다닙니다. 제사장이 그렇게 바쁘게 돌아다니면 언제 시간을 내서 기도할 수 있겠습니까?

유다 백성은 남을 위해 존재하는 사람들입니다. 남을 돕고 남을 치료하며 남이 하나님 앞에 죄 사함 받도록 하기 위해 존재하는 사람들인 것입니다. 그렇기 때문에 그들의 삶은 단순해야 합니다. 정상적인 하나님의 백성들은 너무 유명해지거나 바빠지는 것을 아주 싫어합니다. 그러면 하나님 앞에 머물 시간이 없어지기 때문입니다.

우리가 마땅히 있어야 할 자리는 바로 이 자리, 말씀 듣고 기도하는 이 자리입니다. 물론 우리 속에도 유명해지고 싶은 욕망, 세상이 제공하는 것들을 즐기고 싶은 욕망이 없는 것은 아닙니다. 그러나 현명한 그리스도인이라면 하나님 앞에 좀더 오래 머물기 위해, 남들을 위해 좀더 많이 기도하기 위해 그 욕망과 싸울 것입니다. 돈을 좀 포기하고서라도, 명예를 포기하고서라도 그 시간을 지키려 할 것입니다.

그러나 유다 백성들은 세상의 즐거움을 절대로 포기하려 들지 않았습니다. 그러다 보니 예배가 무의미하게 느껴졌고, 기도 시간도 아까워지기 시작했습니다. 그들은 하나님께 진정한 축복이 있음을 알지 못했습니다. 세상에 있는 모든 것은 부자들의 소유도 아니고 권력자들의 소유도 아니며 마귀의 소유도 아닙니다. 세상에 있는 모든 것은 하나님의 소유입니다. 그런 것들보다 하나님을 알아 가며 기도하는 축복이 더 귀하기 때문에 우리에게 주시지 않을 뿐입니다.

두로 지방에서 한 이방 여자가 귀신 들린 딸을 고쳐달라고 했을 때 예수님은 "자녀의 떡을 개에게 줄 수 없다"라고 하시면서 매정하게 거절하셨습니다. 그러자 그 여자의 입에서 놀라운 고백이 흘러 나왔습니다. 자신이 원하는 것은 떡이 아니라 부스러기라는 것입니다. 개들도 주인의 상에서 떨어지는 부스러기는 먹지 않느냐는 것입니다. 그 여자가 볼 때 병이 낫고 귀신이 떠나는 것은 부스러기 같은 은혜에 불과했습니다. 그러면 떡 같은 은혜는 무엇입니까? 말씀을 듣고 성령의 감동을 받는 것입니다. 세상의 축복이 유리구슬이라면 말씀을 듣고 흘리는 눈물은 다이아몬드와 같습니다. 우리는 말씀을 들을 때 찾아오는 그 작은 감동을 세상의 어떤 명예나 돈과도 바꾸지 말아야 합니다.

흘러 나가지 않고 고여 있는 은혜는 썩게 마련입니다. 하나님은 유다 백성들에게 "마음 문을 닫아걸지 말고 네가 받은 풍성한 은혜를 다른 사람들과 나누려고 자꾸 애쓰라"라고 하셨습니다. 고통과 짐은 나눌수록 줄어들고, 은혜는 나눌수록 풍성해지게 되어 있습니다.

하나님의 백성은 작은 것부터 버리는 훈련을 해야 합니다. 시간을 포기하고 재미를 포기하고 돈을 포기하고 취미를 포기하는 훈련, 하나님 앞에 좀더 오래 머물면서 남들을 위해 기도하는 훈련을 해야 합니다.

하나님은 유다 백성들에게 많은 것을 요구하지 않으셨습니다. 하나님이 그들 가운데 거하시기 위해 필요한 최소한의 것만 요구하셨을 뿐입니다. 적어도 제사장은 있어야 은혜를 내려 주시지 않겠습니까? 그러나 그들은 제사장들을 양식만 축내는 사람으로 취급했으며, 십일조와 헌금을 바쳐서 그들의 삶을 보장해 주는 일을 낭비로 여겼습니다. 마치 요즘 사람들이 예배드리고 기도하는 것을 시간 낭비로 여기는 것과 비슷합니다.

하나님이 요구하시는 최소한의 것을 지키면 어떻게 된다고 말씀하십니까? "만군의 여호와가 이르노라. 너희의 온전한 십일조를 창고에 들여 나의 집에 양식이 있게 하고 그것으로 나를 시험하여 내가 하늘 문을 열고 너희에게 복을 쌓을 곳이 없도록 붓지 아니하나 보라"(3:10).

하나님이 안타까워하시는 것이 무엇입니까? 백성들이 십일조와 헌물을 바치지 않아서 성전 창고가 텅 비어 버린 것입니다. 제사장들도 굶다 못해 거의 다 달아나 버렸습니다. 하나님은 유다 백성들에게 강력하게 요청하고 계십니다. "나를 한번 시험해 봐라. 내 창고를 가득 채운 후에도 복을 주는지 주지 않는지 시험해 봐라!" 즉, 인간적인 머리로만 계산하지 말고 하나님의 뜻이라고 생각되는 일을 한번 실천해 보라는 것입니다.

우리 생각에는 하나님께 바치면 바칠수록 그만큼 궁핍해질 것 같습니다. 그러나 하나님께 시간을 드리고 물질을 바치는 것은 하나님의 능력을 그만큼 내 삶으로 끌어들이는 일입니다. 하나님은 우리가 성전 창고를 먼저 채울 때 하늘 문을 열어서 복을 부어 줄 것을 약속하십니다. 이 얼마나 멋진 약속입니까?

이스라엘에 큰 기근이 들었을 때 엘리야가 사렙다 과부를 만났습니다. 과부는 마지막 양식으로 떡을 만들어 아들과 함께 먹고 죽으려 하던 중이었습니다. 그런데 엘리야는 그 떡을 자신에게 먼저 달라고 요청했습니다. 아무리 배가 고파도 그렇지, 마지막 떡을 먹고 죽으려는 사람에게 그런 요청을 하는 것이 가당키나 한 일입니까? 그런데도 과부가 그의 말을 따랐을 때, 그 집에는 3년 반 동안 가루와 기름이 떨어지지 않았습니다.

우리가 하나님을 위해 조금만 희생해도 하나님은 아주 크게 축복해 주십니다. 사실 우리가 하나님을 위해 희생하는 것들은 아주 사소한 것들입니다. 하나님께 시간을 드리고 물질을 바치고 상한 마음을 쏟아 놓는 것은 그리 대단한 희생이 아니에요. 오히려 마땅히 해야 할 일입니다. 그런데 하나님은 그것도 희생으로 여기셔서 수십 배, 수백 배의 축복으로 갚아 주겠다고 말씀하십니다. 이처럼 우리가 한 걸음 하나님 앞에 나아갈 때 하나님은 열 걸음 우리에게 다가와 주십니다.

여기에서 쌓을 곳이 없도록 복을 부어 주신다는 것은 단순히 배를 불릴 양식을 많이 주시겠다는 말씀이 아닙니다. 그만큼 엄청난 성령의 은혜를 주시겠다는 것입니다. 우리 한평생에 가장 큰 축복이 무엇입니까? 온 교회가 성령으로 충만해지며 구름 떼같이 많은 사람들이 하나님 앞으로 돌아오는 모습을 보는 것입니다. 그것은 땅에서 석유가 솟아나고 금광에서 금이 쏟아지며 축구 대표팀이 월드컵에서 우승하는 것과는 비교도 되지 않는 축복입니다. 원칙을 중요하게 생각하고 내 욕심을 따르지 않으며 내게 주신 것들을 자꾸 하나님 앞에 드리는 생활을 할 때, 하나님은 이러한 부흥의 축복을 주겠다고 약속하십니다.

11절과 12절을 보십시오. "만군의 여호와가 이르노라. 내가 너희를 위하여 황충을 금하여 너희 토지 소산을 멸하지 않게 하며 너희 밭에 포도나무의 과실로 기한 전에 떨어지지 않게 하리니 너희 땅이 아름다워지므로 열방이 너희를 복되다 하리라. 만군의 여호와의 말이니라."

농사짓는 사람에게는 황충 같은 해충을 막는 일이 얼마나 중요한지 모릅니다. 또 포도농사를 짓는 사람에게는 수확 전에 떨어지는 열매가 없게 하는 일이 중요합니다. 유다 백성들이 하나님 앞에 최소한의 것을 지킨다면, 문자 그대로 황충도 오지 않고 포도 열매도 떨어지지 않을 것입니다. 그러나 하나님이 정말 우리에게 주고자 하시는 것은 토지 소산이나 포도 열매 자체가 아닙니다. 우리가 하나님 앞에 좀더 참고 좀더 기도하며 좀더 순종하고자 애쓸 때 주시는 복이 무엇입니까? 성령이 불어넣어 주시는 말할 수 없이 아름다운 감정과 영혼의 만족이며 지혜입니다. 얼마나 기쁨이 솟구치는지 "하나님, 너무 행복합니다. 너무 감사합니다. 모든 것이 너무 아름답고 사랑스럽습니다!"라는 고백이 절로 터져 나옵니다.

이 말씀의 핵심은 단순히 "십일조 내면 축복해 주신다"라는 것이 아닙니다. 하나님의 백성들이 풍성한 축복을 받으려면 제사장의 사명을 감당해야 하며, 신앙 공동체를 위해 무언가 손해 볼 생각을 해야 한다는 것입니다. 그러면 하나님은 약속하신 언약의 사자를 통해 세상에는 없는 하늘의 복을 쌓을 곳이 없도록 부어주겠다고 약속하십니다.

오늘 성경이 우리에게 말씀하는 바가 무엇입니까? 우리는 세상 사람들과 완전히 다른 존재라는 것입니다. 하나님의 백성이 세상의 기준을 좇아가면 망하게 되어 있습니다. 우리의 길은 그들의 길과 다릅니다. 세상적으로 행복해지려는 욕심을 버리십시오. 그러면 100퍼센트 하나님의 선물로 살게 될 것이며 심지 않은 열매를 거두게 될 것입니다. 왜 그렇게 감사하고 행복하고 기쁜지 설명할 수 없는 풍성한 삶을 살게 될 것입니다.

하나님 앞에서 자신의 자리를 지키며 작은 것을 희생하기로 결심하십시오. 세상이 아무리 현란한 것들로 유혹한다 하더라도 거기에 속아 넘어가지 않고 말씀을 붙들며 다른 사람들을 위해 기도하는 제사장의 자리를 지킬 때, 성령의 축복이 쌓을 곳이 없도록 쏟아지는 놀라운 경험을 하게 될 것입니다.

7

무엇이 하나님을 아프시게 하는가?

말라기 3:13-18

3:13 여호와가 이르노라. 너희가 완악한 말로 나를 대적하고도 이르기를 '우리가 무슨 말로 주를 대적하였나이까?' 하는도다.

14 이는 너희가 말하기를 '하나님을 섬기는 것이 헛되니 만군의 여호와 앞에 그 명령을 지키며 슬프게 행하는 것이 무엇이 유익하리요?

15 지금 우리는 교만한 자가 복되다 하며 악을 행하는 자가 창성하며 하나님을 시험하는 자가 화를 면한다 하노라' 함이니라."

16 그때에 여호와를 경외하는 자들이 피차에 말하매 여호와께서 그것을 분명히 들으시고 여호와를 경외하는 자와 그 이름을 존중히 생각하는 자를 위하여 여호와 앞에 있는 기념책에 기록하셨느니라.

17 "만군의 여호와가 이르노라. 내가 나의 정한 날에 그들로 나의 특별한 소유를 삼을 것이요 또 사람이 자기를 섬기는 아들을 아낌같이 내가 그들을 아끼리니

18 그때에 너희가 돌아와서 의인과 악인이며 하나님을 섬기는 자와 섬기지 아니하는 자를 분별하리라."

3:13-18

요즘 우리 사회에 나타나는 슬픈 현상이 한 가지 있습니다. 그것은 누군가 잘못을 지적해 줄 때 감사하며 받아들이는 것이 아니라 "왜 쓸데없이 남의 일에 참견이야?" 하면서 오히려 화를 내는 것입니다. 심지어 자녀들도 부모가 책망할 때 자신의 잘못을 고치려 들기보다는 "다른 부모들은 안 그러던데 왜 엄마만 나를 못살게 구는 거야?" 하면서 대들 때가 많고, 학생들도 교사가 야단칠 때 '우리를 괴롭힌다' 라고 생각해서 미워할 때가 많습니다.

얼마 전에 세계적으로 유명한 테니스 코치가 그 아버지의 가르침에 대해 언급한 적이 있습니다. 그의 아버지는 "좋은 이야기든 나쁜 이야기든 남이 해 주는 말을 감사히 받아들여라. 그것은 네가 아직도 쓸모 있는 존재, 가능성 있는 존재라는 뜻이다. 반면에, 너에게 어떤 이야기도 해 주는 사람이 없다는 것은 네가 그들에게 아무 의미 없는 존재라는 뜻이다"라고 말했다고 합니다.

누군가 나의 잘못을 지적해 줄 때 오히려 화를 내면서 그 사람을 공격하는 것, 죄를 짓고서도 그 사실을 전혀 부끄러워하지 않는 것은 우리나라에 만연되어 있는 병적인 현상입니다. 요즘은 죄를 짓고 검찰에 소환된 사람들에게서조차 부끄러워하는 기색을 찾아볼 수가 없습니다. 오히려 "남들도 다 똑같이 돈 받았는데 왜 나만 잡아 가두느냐? 무슨 정치적 의도가 있는 것 아니냐?" 하면서 항의하는 경우가 많습니다. 또 교통법규를 위반해서 걸렸을 때에도 "남들도 다 어겼는데 왜 나만 붙잡느냐?" 하면서 화를 내는 사람들을 종종 볼 수 있습니다. 이런 일들이 일어나는 이유가 무엇입니까? 우리 사회에 죄가 보편화되어서 아무도 죄의식을 느끼지 못하기 때문입니다.

말라기서에는 다른 구약성경에서는 찾아볼 수 없는 특이한 대화 형식이 여러 차례 나옵니다. 그것은 하나님이 잘못을 지적하실 때 백성들이 그것을 시인하지 않고 "우리가 언제 그랬습니까?" 하면서 대드는 것입니다. 그들은 하나님께서 "내가 주인인데 나를 두려워하는 사람이 어디 있느냐?"라고 하시면 "우리가 언제 주의 이름을 멸시했다고 그러십니까?" 하면서 대들었고, "너희가 나를 무시하고 말로 나를 대적했다"라고 하시면 "우리가 언제 그랬습니까? 증거를 대 보세요" 하면서 반발했습니다. 이것은 그들이 하나님께서 중요하게 생각하시는 일들을 전혀 중요하게 생각지 않았다는 사실을 보여 줍니다.

무엇이 하나님을 아프시게 하는가?

유다 백성들은 무엇으로 하나님을 아프시게 했습니까? "여호와가 이르노라. 너희가 완악한 말로 나를 대적하고도 이르기를 '우리가 무슨 말로 주를 대적하였나이까?' 하는도다"(3:13).

유다 백성들은 완악한 말로 하나님을 아프시게 했습니다. 예전에는 양심이 살아 있어서 죄짓는 것을 아주 부끄럽게 여겼습니다. 그런데 이제는 양심이 돌처럼 굳어져서 더 이상 죄를 숨기려 하지도 않았을 뿐 아니라 하나님이 한마디 지적하시면 오히려 "우리가 언제 주를 대적했다고 그렇게 섭섭한 말씀을 하십니까?" 하면서 두 눈을 치켜뜨고 열 마디 스무 마디로 항의했습니다. 이것이 하나님을 가슴 아프게 했습니다.

하나님은 우리가 워낙 연약하게 만들어졌기 때문에 완전히 의롭게 살 수 없음을 아십니다. 그래서 죄를 지어도 그 죄를 수치스럽게 여기면서 회개하면 한없는 자비로 품어 주시고 불쌍히 여기시며 용서해 주십니다. 예를 들어 어떤 사람이 하나님이 기뻐하시지 않는 일을 하고 있다고 합시다. 그 사람도 마음속으로는 '하루빨리 이 일을 그만두어야 할 텐데'라고 생각하고 있습니다. 그런데 당장 손해 볼 것이 아까워서 차일피일 미루다가 어느 날 어려운 상황에 부닥치게 됩니다. 그때 '아이쿠, 하나님이 날 책망하시는구나!'라고 생각하고 하나님 앞에 나아가 무릎을 꿇고 자신의 미련함과 고집을 회개하면, 한없는 자비로 용납하시고 치료하시고 회복시켜 주십니다.

주님의 말씀대로 우리는 마음은 원이로되 육신이 약할 때가 너무 많습니다. 머리로는 '이러면 안 되는데' 하면서 몸으로는 죄의 유혹을 뿌리치지 못해서 자꾸 넘어지고 실패하는 것입니다. 그런 것은 완악한 태도라고 할 수 없습니다. 그런데 죄를 짓고서도 회개하지 않고 유혹과 싸우기를 포기한 채 살다 보면 '나 원래 이런 사람이야, 어쩔래?' 하는 식의 배짱이 생기게 됩니다. 그러면 부끄러움이 없어지고 수치심도 사라지면서 남들의 지적에 오히려 발끈하게 되는데, 그것이 바로 완악해지는 것입니다.

유다 백성들이 하나님 앞에서 노골적으로 떠든 말이 무엇입니까? "이는 너희가 말하기를 '하나님을 섬기는 것이 헛되니 만군의 여호와 앞에 그 명령을 지키며 슬프게 행하는 것이 무엇이 유익하리요? 지금 우리는 교만한 자가 복되다 하며 악을 행하는 자가 창성하며 하나님을 시험하는 자가 화를 면한다 하노라' 함이니라"(3:14-15).

그들은 하나님을 섬기고 말씀에 순종하며 연단받는 것이 아무 소용 없는 일이며, 오히려 교만하고 악한 자가 더 잘된다고 공공연히 떠들었습니다. 그러니까 굳이 힘들게 신앙생활 할 필요가 없다는 것입니다. 물론 그들도 사람이기 때문에 '야, 세상적으로 사는 사람들이 더 잘되네. 나도 한번 저렇게 살아 보면 어떨까?' 라는 마음을 가질 수 있습니다. 그러다가도 '아니지, 그러면 안 되지' 하면서 돌이키면 아무 문제가 없는 것입니다. 그런데 유다 백성들은 아예 드러내놓고 "믿음대로 살아서 잘된 사람이 누가 있어? 세상 방식으로 살아야 더 잘된다니까. 굳이 연단받으면서 지지리 궁상으로 살 필요가 없어"라고 말했습니다.

일시적으로 악한 자들이 형통할 때, 선한 양심을 지키는 자들이 어려움을 당하고 양심을 저버린 채 악한 꾀로 남들을 해치는 사람이 더 잘될 때가 있습니다. 우리는 그런 때를 '악의 때'라고 부릅니다. 그러나 그것은 일시적인 현상에 불과합니다. 우리는 그 결국을 지켜보아야 합니다. 그런데 유다 백성들 중에 성급한 자들은 그 결국이 드러날 때까지 기다리지 못하고 힘들게 신앙생활할 필요가 없다고 떠들어 댔던 것입니다.

이런 말을 하는 사람들을 우리는 두 부류로 나눌 수가 있습니다. 첫 번째 부류는 세상 유혹에 마음이 팔려서 신앙을 팽개치는 자들입니다. 예를 들면 가룟 유다가 여기 속합니다. 가룟 유다가 가만히 예수님을 지켜보고 그의 가르침을 들어 보니 '계속 저 사람을 따라다니다가는 나도 잡혀 죽겠구나' 라는 생각이 들었습니다. 그래서 그 길을 버리고 예수님을 팔아 버렸습니다. 예수님은 "누구든지 제 목숨을 구원코자 하면 잃을 것이요, 누구든지 나와 복음을 위하여 제 목숨을 잃으면 구원하리라"(막 8:35)라고 분명히 말씀하셨습니다. 그러나 가룟 유다는 그 말씀을 믿지 못했습니다.

두 번째 부류는 믿음으로 살다가 실망해서 냉소주의로 빠지는 자들입니다. 주님에 대한 사랑 때문에 열심히 말씀 읽고 기도하면서 선한 일을 시작했는데 결과가 좋지 않을 때 '굳이 그렇게 살 필요가 없다. 아무리 기도해도 안 될 일은 안 된다' 라는 냉랭한 마음이 생기게 됩니다. 믿음으로 살아도 어려움은 계속되고 죄악으로 가득 찬 세상에서 더 이상 비전조차 보이지 않을 때, 주님을 완전히 부인해 버릴 수는 없지만 냉소주의에 빠져서 믿음을 버리게 되는 것입니다.

오늘 본문이 문제 삼는 대상은 이 두 번째 부류의 사람들이 아니라 아예 드러내놓고 세상적으로 살겠다고 공언하는 첫 번째 부류의 사람들입니다. 물론 그들 모두가 처음부터 그랬던 것은 아닙니다. 온전히 말씀대로 살지는 못했지만 그래도 언젠가는 바른 믿음으로 돌아가야 한다는 부담을 느끼던 때가 있었고, 누군가 죄를 책망하면 눈물을 흘리면서 "알겠습니다. 노력해 보겠습니다"라고 말하던 때가 있었습니다. 그런데 이제는 아예 드러내놓고 믿음으로 살지 않겠다는 것입니다. 하나님을 섬기고 말씀에 순종하며 연단받아 보았자 아무 소용이 없다는 것입니다. 오히려 교만한 자가 잘되고 악인이 창성하며 하나님을 시험하는 자가 화를 면한다는 것입니다. 우리는 이런 것을 세속주의라고 부릅니다.

사람의 근본적인 가치는 단순히 잘 먹고 잘사는 데 있지 않습니다. 먹고사는 것은 이차적인 문제입니다. 가장 근본적으로 해결해야 할 문제는 '인생은 무엇인가? 나는 무엇 때문에 세상에 태어났으며 무엇을 위해 살아야 하는가?'라는 것입니다. 이렇게 근본적인 질문을 던지는 마음을 성경은 "영원을 사모하는 마음"이라고 부릅니다. 사람의 가치는 바로 여기에 있습니다. 신앙이 있든 없든 이 근본적인 질문을 가지고 씨름하는 사람은 그나마 욕망에 덜 사로잡히게 되며, 조금이라도 인간답게 살고자 애쓰게 됩니다. 그러나 이런 갈등과 고민은 아예 내던져 버린 채 먹고 마시고 즐기는 사람은 짐승 같은 삶을 살 수밖에 없습니다.

사람들이 세속주의에 빠지는 이유는 두 가지입니다. 첫 번째는 절망과 좌절감입니다. 아무리 노력하고 인내해도 현실의 벽은 높고 미래의 비전은 보이지 않을 때 사람은 절망에 빠지게 됩니다. 일 년 내내 열심히 일해도 이자조차 갚을 수 없을 때, 몇 년 동안 죽도록 공부해도 시험의 벽을 넘지 못할 때 자포자기하면서 '그냥 먹고 마시고 놀자'라는 마음이 들게 되는 것입니다.

또 한 가지 이유는 '골치 아픈 문제는 생각하기 싫다'라는 태도에 있습니다. '인생이란 무엇인가? 나는 무엇 때문에 살아야 하는가? 신은 과연 존재하는가? 신이 존재한다면 나는 어떻게 살아야 하는가?'라는 질문들을 붙들고 씨름한다고 해서 금방 결론이 나는 것도 아니고 돈이 생기는 것도 아니며 누가 알아주는 것도 아니니까 아예 그런 문제는 생각하지도 않고 편하게만 살려 드는 것입니다.

이러한 세속주의는 악한 것입니다. 사람으로 태어난 이상 우리는 근본적인 문제들을 놓고 고민해야 하며 갈등해야 합니다. 먹고 마시는 것이나 돈 버는 것이나 놀러다니는 데 만족할 것이 아니라 반드시 이 질문들의 답을 찾아 보아야 합니다. 남을 해치는 것만 악이 아닙니다. 자신이 마땅히 해야 할 일을 하지 않는 것도 악입니다. 학생이 공부하지 않고 날마다 컴퓨터 게임만 하는 것은 악입니다. 가장이 살림을 돌보지 않고 도박에 빠지는 것도 악입니다. 사람은 마땅히 자기의 책임을 감당해야 합니다. 그것을 회피하거나 약한 자들에게 떠넘기면 안 됩니다. 일하고 싶은데도 일할 자리가 없어서 못한다면 어쩔 수 없지만, 일할 수 있는데도 게을러서 하지 않는 것은 악입니다.

거지의 문제는 단순히 가난한 데 있지 않습니다. '나는 뭘 해도 안 된다'라는 패배주의와 자포자기가 더 큰 문제입니다. 아무리 상황이 어려워도 자신에 대해 완전히 포기해 버리면 안 됩니다. 뜬구름 잡는 질문처럼 보여도 자꾸 이런 질문들을 던지고 고민해야 패배주의에 빠지지 않을 수 있습니다. 특히 하나님의 백성들은 절망적인 상황에 빠질수록 더 질문을 던져야 합니다. '이런 상황 속에서 나를 향한 하나님의 뜻은 무엇일까? 하나님은 대체 나에게 무엇을 원하고 계실까?'라고 끊임없이 물어보아야 합니다.

하나님과 우리의 관계는 영혼의 닻줄과 같아서, 그 줄을 끊어 버리면 영원히 미아가 되어 버립니다. 그래서 히브리서는 이렇게 말하고 있습니다. "이는 하나님이 거짓말을 하실 수 없는 이 두 가지 변치 못할 사실을 인하여 앞에 있는 소망을 얻으려고 피하여 가는 우리로 큰 안위를 받게 하려 하심이라. 우리가 이 소망이 있는 것은 영혼의 닻 같아서 튼튼하고 견고하여 휘장 안에 들어 가나니"(히 6:18-19).

하나님은 절대 거짓말을 하실 수 없습니다. 그럼에도 불구하고 계속 나를 이해할 수 없는 상황으로 몰고 가신다면, 그 일은 분명히 하나님의 계획 안에 들어 있는 것입니다. 하나님은 내가 생각하는 것 이상의 방법으로 그 신실하심과 능력을 나타내실 것입니다.

그런데 유다 백성들은 더 이상 인내하기가 싫어서 그 닻줄을 끊어 버렸습니다. 미래에 대한 모든 소망을 포기한 채 눈앞의 즐거움과 행복만 추구하려 했습니다.

세속주의로 잃은 것들

어려운 상황 속에서 계속 소망을 가지고 산다는 것은 아주 고통스러운 일입니다. 미래의 소망을 붙잡으려면 현재의 쾌락을 포기해야 하기 때문입니다. 그랬다가 그 소망이 이루어지지 않으면 너무 억울하지 않습니까? 그래서 유다 백성들은 소망의 닻줄을 끊어 버리고 "하나님을 섬겨도 아무 소용 없다"라고 공언하는 자리로 나아가게 되었습니다. 그들은 더 이상 믿음 때문에 손해 볼 필요가 없었습니다. 하나님을 의지하거나 기다리지 않아도 되니까 더 이상 인내할 필요도, 긴장하거나 절제할 필요도 없었습니다. 그러나 그들은 이 같은 세속주의에 빠짐으로써 중요한 몇 가지를 잃고 말았습니다.

첫째로, 그들은 영적인 주도권을 잃고 패배주의에 빠져 버렸습니다. 유다가 바벨론에 멸망한 후 하나님이 보여 주신 것이 무엇입니까? 그들의 멸망이 곧 하나님의 패배는 아니라는 것입니다.

하나님은 그들의 멸망을 통해 오히려 바벨론과 페르시아를 지배하고 계심을 보여 주셨습니다. 역사의 주인공은 다름 아닌 하나님이십니다. 아무리 주변 상황이 하나님 백성의 의사와 상관없이 돌아간다 하더라도, 결국 최후의 승리자는 역사의 주인공이신 하나님을 움직이는 바로 그 사람들입니다. 그러나 유다 백성들은 그것을 깨닫지 못하고 '지금 우리가 할 수 있는 일은 아무것도 없다. 모든 일은 힘 있는 자들의 결정에 따라 움직이게 되어 있다. 우리가 바벨론에서 돌아온 것도 페르시아 왕이 결정한 일이고 성전을 재건한 것도 그의 허락 하에 이루어진 일이 아니냐? 어차피 우리는 거대한 기계의 부속품에 불과하다. 그러니까 그냥 먹고 마시고 즐기면서 살자' 라고 생각했습니다.

해방 후 우리나라도 스스로 아무것도 결정할 수 없었습니다. 강대국들이 모든 일을 결정했고, 휴전선도 우리 의사와 상관없이 그들 마음대로 그어 버렸습니다. 그렇다고 해서 남들의 손에 모든 것을 맡긴 채 패배주의에 빠져 버렸다면 비참한 노예 나라로 전락했을 것입니다. 우리 의지와 상관없이 일이 결정될 때에도 정신을 차리고 끊임없이 자신을 지키고자 노력했기 때문에 이만큼이라도 나라가 발전할 수 있었던 것입니다.

우리가 보기에는 힘 있는 자들이 세상을 움직이고 있는 것 같지만 결국 그들 위에서 모든 일을 주관하고 계시는 분은 하나님입니다. 우리는 그 하나님을 붙잡아야 합니다. 우리 손으로 힘 있는 자들을 움직일 수는 없습니다. 그러나 우리가 할 수 있는 일이 아무것도 없다고 해서 매일 술이나 퍼마시고 주저앉아 있으면 그대로 망할 수밖에 없습니다. 아무리 상황이 어려워도 소망을 버리지 말아야 합니다. 지금은 어쩔 수 없이 남의 도움을 받으며 살고 있다고 해도 스스로 일어서려는 노력을 포기해서는 안 됩니다.

둘째로, 그들은 '하나님의 백성은 반드시 심은 대로 거둔다'라는 원리를 잊음으로써 하나님이 주실 보상과 축복을 놓치고 말았습니다. 사도 바울은 이렇게 말하고 있습니다. "사람이 무엇으로 심든지 그대로 거두리라. 자기의 육체를 위하여 심는 자는 육체로부터 썩어진 것을 거두고 성령을 위하여 심는 자는 성령으로부터 영생을 거두리라"(갈 6:7-8).

하나님을 인정하지 않는 사람들이 볼 때 삶은 불확실성의 연속입니다. 언제 무슨 일이 일어날지 모릅니다. 그래서 그들은 미래를 위해 참고 인내하는 것을 바보 짓으로 생각합니다. 아무리 참고 인내해도 재앙이 닥치면 한꺼번에 모든 것을 잃을 테니까 지금 이 순간 즐길 수 있는 것을 최대한 즐겨야 한다고 생각합니다. 그러나 성경이 약속하는 바는 무엇입니까? 오늘 인내하면 반드시 영광스러운 내일이 온다는 것입니다. 지금 하나님을 섬기려면 고통을 감수해야 하고, 지금 말씀에 순종하려면 세상의 욕심들을 포기해야 합니다. 그것은 고통스러운 일입니다. 특히 청년들은 믿지 않는 친구들이 마음껏 즐기며 사는 것을 볼 때 자기 혼자만 손해를 보는 듯한 느낌이 들 것입니다.

그러나 성경은 우리 모두 씨를 뿌리는 자와 같다고 말하면서, 지금 참고 인내하면 상상할 수도 없는 하나님의 보상과 축복을 받게 될 것을 약속하고 있습니다. 영원한 세상은 물론이고 이 세상에서도 반드시 갚아 주실 것을 약속하고 있는 것입니다. 하나님 앞에 가장 현명한 사람이 누구입니까? 지금 최선을 다해서 절제하고 인내하며 참는 사람입니다. 그러면 반드시 영광스러운 미래를 맞이할 수 있습니다. 사람들이 알아주지 않아도 자기 욕심을 누르고 눈물로 씨를 뿌리는 사람은 기쁨으로 단을 거두게 되어 있습니다.

셋째로, 그들은 역사의 주인공 자리를 잃어버렸습니다. 누가 역사의 주인공입니까? 말씀 때문에 고난받는 사람입니다. 요셉을 보십시오. 그의 삶은 고난의 연속이었습니다. 말씀을 붙들지 않고 죄와 타협하며 살았다면 그렇게까지 고생하지는 않았을 것입니다. 그는 말씀 때문에 형들의 미움을 받아 노예로 팔려 갔고, 말씀 때문에 여자의 유혹을 거절했다가 감옥에 갇혔습니다. 그는 말씀 때문에 젊은 시절 내내 노예와 죄수로 썩어야 했습니다. 그러나 그의 영혼은 결코 썩지 않았습니다. 하나님이 언제나 그와 함께 계셨기 때문입니다. 결국 그는 역사의 주인공이 되어 흉년으로 죽어 가는 수많은 사람들을 구원했습니다. 이처럼 말씀으로 인한 고난을 참는 자는 역사의 중심에 설 수 있습니다. 그러나 고난이 싫어서 도망치는 자는 중심에서 밀려날 것입니다.

악이 성행하고 교만한 자들이 성공하며 하나님을 시험하는 자들이 아무 탈 없이 잘사는 그때야말로 가장 무서운 때입니다. 그럴 때에는 사람들이 죄에 대해 경계심을 갖지 않기 때문입니다. 그러나 우리가 알아야 할 사실이 무엇입니까? 악한 자들이 그렇게 날뛸 수 있는 것은 하나님이 허용하셨기 때문이며, 하나님이 악을 허용하신 것은 이미 뿌리 뽑기로 작정하셨기 때문이라는 것입니다.

하나님이 원하시는 것

그렇다면 하나님이 우리에게 원하시는 것은 무엇일까요? "그때에 여호와를 경외하는 자들이 피차에 말하매 여호와께서 그것을 분명히 들으시고 여호와를 경외하는 자와 그 이름을 존중히 생각하는 자를 위하여 여호와 앞에 있는 기념책에 기록하셨느니라" (3:16).

여기에서 "그때에"는 성령이 임하여 하나님의 백성들을 변화시키시는 신약 교회 시대를 가리킵니다. 성령은 우리에게 구약의 성도들과는 비교할 수도 없는 지각을 주십니다. 그 지각을 얻은 자들은 형식적으로만 믿는 것이 아니라 진정 하나님을 경외하는 마음으로 믿게 됩니다. 그러면 피차에 나누는 대화도 자연히 달라질 수밖에 없습니다. 하나님이 그 말들을 얼마나 기뻐하시는지, 그 앞에 있는 기념책에 전부 기록해 놓는다고 말씀하십니다.

가끔 주요인사들이 간담회를 하면 기자들이 그 말을 전부 받아 적는 모습을 볼 수 있습니다. 또 그런 사람들이 자신의 위치를 망각하고 사석에서 대수롭지 않게 내뱉은 말이나 술좌석에서 함부로 한 말이 다음날 신문에 대서특필되는 경우도 가끔 볼 수 있습니다. 그래서 중요한 자리에 있는 사람들은 항상 말조심을 해야 합니다.

그런데 하나님은 우리의 말을 그처럼 전부 기록해 놓는다고 말씀하십니다. 우리의 대화가 전부 하나님 앞에 기록되어 남는다는 것입니다. 기억력이 별로 좋지 못한 사람은 중요한 사항들을 잊지 않기 위해 벽에 걸린 화이트보드나 수첩에 적어 놓습니다. 그러나 하나님은 기억력이 나쁜 분이 아닌데도 우리가 나누는 대화를 기념책에 적어 놓고 늘 본다고 말씀하십니다. 그 이유가 무엇입니까? 우리가 그만큼 하나님 앞에 중요한 사람들이기 때문입니다.

처음 믿은 사람은 주로 죄를 고백하고 용서를 비는 기도를 하거나 당장 눈앞에 닥친 어려움을 해결해 달라는 기도를 합니다. 그러나 말씀을 점점 더 알아 가면서 하나님의 친구요 동역자의 자리로 나아가게 됩니다. 세상을 전체적으로 바라보면서 하나님의 구원 역사를 위해 이러저러한 계획이나 중요한 제안을 드리는 기도를 하게 되는 것입니다. 그러면 하나님은 그 기도를 아주 중요하게 받아들이시고 기록해 놓으십니다.

우리는 하나님 앞에 최고로 소중한 사람들입니다. "만군의 여호와가 이르노라. 내가 나의 정한 날에 그들로 나의 특별한 소유를 삼을 것이요 또 사람이 자기를 섬기는 아들을 아낌같이 내가 그들을 아끼리니"(3:17).

우리는 하나님의 특별한 소유요 하나님이 가장 아끼시는 아들들입니다. 그렇기 때문에 성령은 우리가 항상 하나님을 인식하며 살도록 인도해 주십니다. 우리의 복이 무엇입니까? 항상 하나님을 느끼며 사는 것입니다. 물론 악한 생각이 아주 떠오르지 않는 것은 아닙니다. 우리 안에는 아직 죄의 샘이 남아 있기 때문에 마치 유정에서 시커먼 기름덩어리가 올라오듯이 악한 생각과 충동이 솟구칠 때가 많이 있습니다. 그러나 우리는 그것이 하나님 앞에 얼마나 위험하고 악한 것인지 감지하고 필사적으로 그런 생각이나 충동을 몰아내기 위해 노력합니다.

또한 우리 안에 성령이 계시다고 해서 무의미한 말이나 자기 자랑을 아주 하지 않게 되는 것도 아닙니다. 그러나 그런 말을 실컷 하고 나면 마음이 그렇게 허망할 수가 없습니다. 성령이 우리 속에서 깊이 근심하시기 때문입니다. 성령은 "네가 그렇게 시시한 사람이냐? 너는 요셉 같은 역사의 주인공인데 굳이 그렇게 사람들에게 자랑하고 그들의 인정을 구해야 하겠느냐?"라고 책망하십니다.

우리 눈에는 두 사람이 만나서 이야기하는 것 같지만 사실 그 자리에는 두 사람이 있는 것이 아니라 세 사람이 있는 것입니다. 우리는 항상 주님을 가운데 모시고 사람을 만납니다. 주님은 우리가 나누는 모든 대화를 들으십니다. 다니엘의 세 친구가 금신상에 절하라는 명령을 거역했다는 이유로 용광로에 던져졌을 때, 그 안에는 세 사람이 아니라 네 사람이 있었습니다. 주님이 그들과 함께 계셨기 때문입니다.

그러므로 우리는 자꾸 하나님의 뜻에 맞는 말을 하고 하나님의 뜻에 맞는 생각을 하도록 힘써야 합니다. 하나님은 그것을 귀하게 여기셔서 책에 기록해 놓으십니다. 왜 기록해 놓으십니까? 그 말대로 이루어 주시기 위해서입니다. 우리는 사람들끼리 나누는 대화도 기도로 생각해야 합니다. 성도 두 사람이 모여서 어려운 문제를 놓고 하나님의 뜻을 알고자 대화를 나눌 때, 하나님은 그것을 기도로 들으시고 응답해 주십니다.

예수님은 제자들에게 다른 사람들을 저주하지 말라고 하셨습니다. 왜냐하면 하나님이 그 저주도 기도로 들으시고 응답하시기 때문입니다. 상대방이 저주 받을 만한 일을 했다면 정말 그 저주가 임할 것이요, 만약 내가 오해해서 저주한 것이라면 오히려 나에게 그 저주가 돌아올 것입니다. 그만큼 우리는 하나님 앞에 중요한 사람들입니다.

성도들은 서로 대화하다가 상대방의 말에서 하나님의 응답을 감지할 때가 있습니다. 본인은 대수롭지 않게 한 말인데도 상대방은 그 말을 기도의 응답으로 받아들이는 것입니다. 저도 설교할 때 그리 중요하지 않은 예화를 들었는데, 거기에서 하나님의 음성을 듣고 고민하던 문제를 해결하는 성도가 있는 것을 보면서 놀랄 때가 많습니다.

우리가 피차에 나누는 말을 하나님이 분명히 들으신다는 데에는 이처럼 하나님이 우리를 통해 말씀하신다는 뜻이 들어 있습니다. 우리의 기도가 주님의 기도가 되며, 우리의 설교가 주님의 설교가 되고, 심지어 우리가 하는 말까지 주님의 말씀이 되어서 그대로 이루어진다는 뜻이 들어 있는 것입니다.

하나님은 우리를 얼마나 소중히 여기시는지, 때로는 기도의 말로 표현하지 않은 것들까지 기억하고 응답해 주실 때가 있습니다. 이미 포기했던 것, 중요하지 않다고 생각했던 것까지 이루어 주실 때, 우리는 '하나님이 이 정도까지 나를 사랑하고 계시는구나!' 라는 것을 깨닫고 감격하게 됩니다. 그렇다고 아예 기도할 필요가 없다는 말은 아닙니다. 그만큼 우리가 하나님 앞에서 중요한 존재라는 것입니다.

구약 이스라엘 백성들은 말로 하나님을 아프시게 할 때가 많았습니다. 그들은 피차에 나누는 말로 하나님을 대적했습니다. 하나님을 거부하고 반역하는 일에는 서로 얼마나 뜻이 잘 통했는지 모릅니다. 그러나 성령이 임하시면 말로 하나님을 거부하고 대적하지 않게 됩니다. 늘 하나님을 의식하며 살기 때문에 평범한 대화 가운데서도 하나님의 뜻에 합당한 말을 함으로써 하나님을 높이게 되는 것입니다. 사람의 말은 절제될 때 가장 아름답습니다. 성령으로 하는 말은 절제된 말이기 때문에 상대방을 세워 줄 뿐 아니라 하나님을 기쁘시게 합니다.

특히 성령은 세속주의와 반대되는 마음을 주십니다. 그것은 하나님을 기쁘시게 하기 위해 모든 것을 참고 견디는 마음입니다. 하나님은 우리가 참고 견딘 만큼, 아니 그 이상으로 갚아 주실 것을 약속하십니다.

18절을 보십시오. "그때에 너희가 돌아와서 의인과 악인이며 하나님을 섬기는 자와 섬기지 아니하는 자를 분별하리라."

그때에는 모든 사람들이 의인과 악인을 구별하게 될 것이며, 참으로 하나님을 섬긴 자와 그렇지 않은 자를 구별하게 될 것입니다. 이제까지는 종교생활 여부로 그것을 구별했습니다. 예배드리는 자는 하나님을 섬기는 자로 여기고 예배드리지 않는 자는 하나님을 섬기지 않는 자로 여긴 것입니다. 그러나 그때가 되면 하나님을 참으로 섬기는 자는 아주 작은 부분에서까지, 말 한마디에서까지 하나님을 경외하며 높이는 자세를 가진다는 사실을 알게 될 것입니다.

그런 사람의 삶에는 긴장이 있고, 하나님과의 인격적인 만남이 있습니다. 그가 드리는 예배에는 눈물과 애통과 감사가 있습니다. 그는 항상 하나님을 의식하면서 삽니다. 단지 남에게 해를 끼치지 않는다고 해서 의인이 아닙니다. 진정한 의인은 의에 주리고 목마른 자입니다. 남에게 해를 끼치지 않는 것은 물론이요 자신을 괴롭히는 사람들의 행복까지 소중히 여기며 그들을 위해 기꺼이 자신을 포기하는 자입니다. 어려움을 당한 사람들과 함께 울고, 기쁜 일이 생긴 사람들과 함께 즐거워하는 자입니다.

세속주의는 오늘 우리의 문제이기도 합니다. 우리가 가장 의심하고 있는 것이 무엇입니까? '하나님 앞에 정직하게 살며 말씀을 붙잡고 인내하는 것이 과연 소용이 있을까?' 라는 것입니다. 점점 더 많은 젊은이들이 주일에 교회 와서 예배드리기보다는 도서관에 가서 영어 단어라도 한 개 더 외우는 것이 유익하다고 생각하고 있습니다. 신앙생활은 일주일에 한 번 교회 출석하는 것으로 충분하고 한 시간이라도 더 일해서 돈 버는 일이 중요하다고 생각하는 사람들도 늘고 있습니다. 그런 사람들의 중심에는 골치 아프게 이것저것 따지면서 살기 싫다는 생각이 들어 있으며, '내가 아무리 노력해도 세상은 바뀌지 않는다' 라는 허무주의가 도사리고 있습니다. 그러니까 지금 이 순간만이라도 자신을 위해 먹고 마시고 즐기겠다는 것입니다. 그런 사람은 평생 역사의 엑스트라로 살 수밖에 없습니다.

오늘 말씀이 우리에게 약속하는 바가 무엇입니까? 오늘 하나님 앞에서 참고 인내하면 분명히 복된 내일이 찾아온다는 것입니다. 눈물로 씨를 뿌리는 자는 반드시 기쁨으로 단을 거둔다는 것입니다. 말 한마디라도 하나님의 마음을 아프게 하지 않으려고 삼가는 자들의 소원을 하나님이 책에 적어 놓고 이루어 주신다는 것입니다.

사랑하는 성도 여러분, 오늘 기꺼이 고생합시다. 오늘 눈물로 기도합시다. 사람들의 인정은 좀 받지 못하더라도, 돈은 좀 손해 보더라도 말씀을 붙들고 인내합시다. 내 말과 행실에서 성령의 역사가 나타나도록 욕심을 십자가에 못 박읍시다. 그러면 반드시 영광스러운 내일을 맞이하게 될 것입니다.

8

의의 태양

말라기 4:1-6

4:1 "만군의 여호와가 이르노라. 보라, 극렬한 풀무불 같은 날이 이르리니 교만한 자와 악을 행하는 자는 다 초개 같을 것이라. 그 이르는 날이 그들을 살라 그 뿌리와 가지를 남기지 아니할 것이로되

2 내 이름을 경외하는 너희에게는 의로운 해가 떠올라서 치료하는 광선을 발하리니 너희가 나가서 외양간에서 나온 송아지같이 뛰리라.

3 또 너희가 악인을 밟을 것이니 그들이 나의 정한 날에 너희 발바닥 밑에 재와 같으리라. 만군의 여호와의 말이니라.

4 너희는 내가 호렙에서 온 이스라엘을 위하여 내 종 모세에게 명한 법 곧 율례와 법도를 기억하라.

5 보라, 여호와의 크고 두려운 날이 이르기 전에 내가 선지 엘리야를 너희에게 보내리니

6 그가 아비의 마음을 자녀에게로 돌이키게 하고 자녀들의 마음을 그들의 아비에게로 돌이키게 하리라. 돌이키지 아니하면 두렵건대 내가 와서 저주로 그 땅을 칠까 하노라" 하시니라.

4:1-6

추운 겨울이 오면 땅이 꽁꽁 얼어붙고 논과 밭은 황폐해지며 울창했던 나무들은 앙상한 가지만 남습니다. 제가 어렸을 때 처음 서울로 이사를 갔는데 그해 겨울이 어찌나 추웠던지, 세수하고 나서 젖은 손으로 문고리를 잡으면 쩍쩍 달라붙을 정도였습니다. 눈도 무릎까지 찰 정도로 많이 내렸고 한강도 꽝꽝 얼어붙었습니다.

얼마 전에 중국에 가신 분의 이야기를 들어 보니 만주는 여기보다 더 춥다고 합니다. 겨울 내내 시내 거리는 얼음판이 되고, 솜 누비 옷을 입지 않으면 도저히 겨울을 날 수가 없을 정도로 춥다는 것입니다. 또 국제교류단의 일원으로 러시아에 갔던 청년은 겨울에 털모자 없이 외출한다는 것은 상상도 할 수 없는 일이고, 털모자를 쓰고 나갔다 하더라도 20분 이상 밖에 머물지 못할 만큼 춥다고 말했습니다.

그런 말을 들을 때 우리는 태양이 얼마나 고마운 존재인지 새

삼 깨닫게 됩니다. 사실 겨울이라고 해서 태양이 아주 사라져 버리는 것은 아닙니다. 그저 거리가 조금 멀어지는 것뿐인데도 온 세상이 얼어붙고 식물들은 잎을 떨구며 짐승들은 겨울잠을 자야 하는 것입니다. 그러다가 봄이 오면 얼어붙은 땅이 녹고 산과 들에 새싹이 돋으면서 새로운 계절이 찬란하게 시작됩니다.

한때 우리나라는 북한에 대해 '햇볕정책'을 썼습니다. 돈도 보내고 쌀도 보내고 비료도 보내서 얼어붙은 마음을 따뜻하게 녹여 보고자 했던 것입니다. 그러나 그 햇볕이 너무 약했던지 아직도 북한에는 자유의 봄이 오지 않고 있습니다. 요즘은 위정자들이 우리나라까지 얼어붙게 만들려고 태양을 자꾸 밀어내는 것 같아서 걱정입니다.

태양의 힘은 정말 위대합니다. 태양열이 전달되면 그 매섭던 추위도 달아나고 온 세상이 아름답게 변하기 시작합니다. 자유민주주의를 천명하는 우리나라에서도 진정한 자유의 봄을 맞이하기까지 오랜 시간 기다려야 했고 수많은 젊은이들과 지식인들이 희생해야 했습니다. 그런데도 여전히 경제 정의는 실현되지 못하고 있으며 사회 각 부분에서 갈등과 절망의 소리가 들려오고 있는 것이 우리의 현실입니다.

오늘 본문은 구약의 마지막 부분입니다. 그러나 이 본문의 중요성은 단순히 구약의 마지막 부분이라는 데 있지 않습니다. 이 본문은 실제로 구약성경 전체의 결론 역할을 하고 있습니다. 그 결론이 무엇입니까? 의의 태양 되신 그리스도가 오셔서 얼어붙은 땅을 녹이고 온 세상을 환희와 기쁨의 세계로 바꾸어 놓으신다는 것입니다.

오늘 본문은 그리스도가 세상에 오시는 일이 얼마나 엄청나고 중요한 사건인지에 대해 말씀하고 있습니다. 만약 그리스도가 오시지 않았다면 세상은 여전히 춥고 어두운 겨울의 절망에 빠져 있었을 것입니다. 그러나 그리스도가 오심으로써 세상에는 봄이 찾아오게 되었습니다. 문제는 우리가 아직 그 봄을 그리 실감하지 못한다는 것입니다. 오늘 말씀을 살펴봄으로써 그 축복을 되찾게 되기를 바랍니다.

극렬한 풀무불 같은 날

4장 1절을 보십시오. "만군의 여호와가 이르노라. 보라, 극렬한 풀무불 같은 날이 이르리니 교만한 자와 악을 행하는 자는 다 초개 같을 것이라. 그 이르는 날이 그들을 살라 그 뿌리와 가지를 남기지 아니할 것이로되."

"극렬한 풀무불 같은 날"이란 어떤 날입니까? 환난과 재앙의 불길이 극렬히 타올라서 모든 것을 태워 버리는 날입니다. 구약 성경에서는 이스라엘 백성들이 애굽에서 노예생활 하던 때를 "극렬한 풀무불 같은 날"로 표현하고 있습니다. 우리나라는 일제 치하에 있던 때가 극렬한 풀무불 같은 날이었습니다. 일본은 모든 자원을 군수물자로 징발해 갔고 남자들은 군인이나 노동자로, 여자들은 정신대로 잡아갔습니다. 한국전쟁이 일어난 3년간도 그에 못지않게 힘든 시절이었습니다. 전 국토가 불에 타고 집은 부서졌으며 300만 명 이상이 죽고 수많은 이산가족이 생겨났습니다. 일제 치하에 있던 36년에 버금갈 정도로 그 3년간의 전쟁이 끼친 파괴력은 엄청난 것이었습니다.

하나님은 앞으로 극렬한 풀무불 같은 날이 올 텐데, 그때에는 교만한 자와 악을 행하는 자들이 다 초개같이 탈 것이라고 말씀하십니다. 즉, 그날은 모든 사람을 겨냥한 날이 아니라 교만한 자와 악한 자를 겨냥한 날이라는 것입니다. 의인들은 그 환난의 날을 통과해서 살아남을 것입니다.

출애굽한 이스라엘 백성들에게 광야는 극렬한 풀무불과 같았습니다. 불같이 타는 더위 속에서 물도 없고 양식도 없이 40년 동안이나 걸어야 했습니다. 그런데도 그들이 살아남을 수 있었던 이유가 무엇입니까? 하나님의 특별한 인도와 보호가 있었기 때문입니다. 하나님이 친히 생수를 공급해 주셨고 만나를 먹여 주셨으며 불기둥과 구름기둥으로 지켜 주셨습니다. 그들을 쓰러뜨린 것은 풀무불 같은 광야의 더위나 목마름이나 굶주림이 아니라 그들 속에 있는 교만과 죄였습니다. 하나님을 원망하고 대적하다가 불뱀에 물려 죽고 갈라진 땅에 빠져 죽고 전염병에 걸려 죽었던 것입니다.

하나님의 백성에게 풀무불보다 더 무서운 것은 죄악의 불길입니다. 더위나 굶주림이나 홍수나 기근은 우리를 죽이지 못합니다. 하나님을 의심하고 원망하고 불평하게 만드는 죄악의 불길이 우리를 죽이는 것입니다. 마음에 믿음이 없는 사람은 죄악의 불길이 치솟을 때 함께 휩싸여 버립니다. 마치 나방이 불에 달려들다가 타 죽는 것처럼 그 죄에 달려들다가 타 죽어 버립니다.

다니엘의 세 친구 사드락과 메삭과 아벳느고는 느부갓네살 왕의 금신상에 절하지 않았다는 이유로 풀무불에 던져졌습니다. 그러나 그들은 그 풀무불보다 더 무서운 것이 왕의 신상에 절해야 살 수 있다는 유혹임을 알고 있었습니다.

여기에서 극렬한 풀무불 같은 날이 이른다는 것은 장차 환난과 전쟁의 날이 온다는 뜻이 아니라 죄악의 불길이 솟구쳐서 모든 사람이 하나님을 버리게 될 무서운 유혹의 날이 온다는 뜻입니다. 교만한 자와 악한 자는 그 불길이 닿기도 전에 검불처럼 타서 없어질 것이고, 하나님을 믿고 의지하는 자들 역시 불같은 시험을 피하지 못할 것입니다. 그러나 목숨을 걸고 예수님만 의지하는 사람은 그 불길을 이기고 살아남을 것입니다. 그것이 성령의 능력입니다.

요즘 우리는 많은 공무원이나 정치인들이 뇌물을 받았다가 망하는 모습들을 보고 있습니다. 우리 생각에는 '거절해 버리면 될 것을 왜 받아서 저런 꼴을 당하나' 싶지만, 사실 뇌물을 거절한다는 것은 생각만큼 쉬운 일이 아닙니다. 이런 세상에서 뇌물을 거절하고 믿음을 지키려면 세상과 완전히 담 쌓을 각오를 해야 합니다. 성적인 유혹도 마찬가지입니다. 목숨 걸고 믿음을 지킬 각오를 하지 않으면 그 유혹을 이겨 내기가 힘듭니다. 세상은 사람들을 성공한 자와 실패한 자로 나누지만, 하나님은 죄에 넘어간 자와 죄를 이긴 자로 나누십니다.

"초개"는 검불을 말합니다. 검불은 불길이 닿기도 전에 전부 타서 없어져 버립니다. 죄와 교만의 불길이 맹렬하게 타오르고 있는 시대에 그 불길에 휩싸이지 않고 순수한 믿음을 지키려면 마음에서 계속 성령의 생수가 솟아나야 합니다. 예수님은 말씀하셨습니다. "누구든지 목마르거든 내게로 와서 마시라. 나를 믿는 자는 성경에 이름과 같이 그 배에서 생수의 강의 흘러나리라"(요 7:37-38). 이스라엘 백성들이 40년 동안 뜨거운 광야를 걸으면서도 죽지 않았던 것은 반석에서 솟아나는 생수가 있었기 때문이며, 사드락, 메삭, 아벳느고가 극렬한 풀무에서 살아나온 것도 그 사자의 특별한 보호가 있었기 때문입니다.

오늘날 우리 주변에는 상식을 초월한 죄악들이 성행하고 있습니다. 사람들은 세상에서 얼마나 성공하고 얼마나 높아지며 얼마나 부유해지느냐 하는 데에만 관심이 있을 뿐, 죄의 파괴력에는 그다지 관심이 없습니다. 하나님이 보실 때 그들은 검불처럼 불타서 없어져 버릴 자들에 지나지 않습니다. 하나님이 중요하게 여기시는 자들은 이런 세상에서도 범죄하여 타락하거나 하나님을 원망하지 않고 믿음을 지키는 자, 이 엄청난 죄악의 불길에 삼키우지 않는 자들입니다.

우리는 어떻게 그런 자들이 될 수 있습니까? 살든지 죽든지 그리스도께 모든 것을 맡기고, 오직 그가 주시는 성령의 능력으로 살아야 합니다. 예수님은 '대제사장의 기도'에서 이렇게 간구하셨습니다. "내가 비옵는 것은 저희를 세상에서 데려가시기를 위함이 아니요 오직 악에 빠지지 않게 보전하시기를 위함이니이다" (요 17:15). 우리가 세상을 떠나 하나님 앞으로 가는 것보다 중요한 것은 세상에서 죄에 빠지지 않고 보전되는 것입니다. 세상에 살면서도 악에 빠지지 않고 보전되는 목사, 악에 빠지지 않고 보전되는 장로, 악에 빠지지 않고 보전되는 성도들이야말로 세상에서 가장 승리하는 삶을 사는 사람들입니다.

사람의 도덕과 상식으로는 세상에서 타오르고 있는 죄악의 불길을 견뎌 낼 수가 없습니다. 머리로는 그것이 나쁘다는 것을 알면서도 실제로 유혹을 받으면 갑자기 도덕과 상식을 잃으면서 너나 할 것 없이 죄의 노예가 되어 버립니다.

하나님이 인간에게 자유를 주신 것은 무서운 시험입니다. 옛날에는 봉건사회였기 때문에 죄를 짓고 싶어도 죄를 지을 수 있는 여지가 상대적으로 적었습니다. 그러나 현대에는 마음만 먹으면 어떤 죄라도 지을 수 있습니다. 어떤 소설이라도 쓸 수 있고 어떤 영화라도 만들 수 있으며 어떤 짐승이라도 복제할 수 있고 어떤 정욕이라도 채울 수 있습니다. 무한정 자기가 하고 싶은 대로 다 할 수 있다는 것만큼 무서운 풀무불은 없습니다.

이럴 때 살아남을 수 있는 사람은 자신을 견고하게 십자가에 못 박는 자들뿐입니다. 그것도 가느다란 못으로 박으면 안 됩니다. 굵은 대못으로 꽝꽝 박고 "주여, 좀 못살아도 좋습니다. 남들에게 조롱받아도 좋습니다. 제 믿음만 지키게 해 주십시오"라고 간절히 기도해야 무서운 죄악의 불길에 휩싸이지 않고 살아남을 수 있습니다.

세상에서 어려움 당하는 것을 이상한 일로 생각지 마십시오. 이렇게 악한 세상에서 어떻게 누릴 것 다 누리고 가질 것 다 가지며 살 수 있겠습니까? 죄와 타협하지 않는 한 그것은 불가능한 일입니다. 가장 위대한 사람은 아무리 어렵고 답답하고 억울한 일을 당해도 끝까지 타협하지 않고 믿음의 순결을 지키는 사람입니다. 우리 안에 계신 성령의 세력은 죄의 세력보다 강하기 때문에 성령만 붙잡고 있으면 얼마든지 이길 수 있습니다.

의로운 해가 떠올라서

얼마 전에 사람들을 무려 15년 동안이나 가두어 놓고 강제노동을 시키며 폭력을 가한 사회복지단체 이야기가 텔레비전에서 방영되었습니다. 거기 갇혀 있던 한 사람은 기자에게 "차라리 감옥이 훨씬 낫다"라고 말했습니다. 감옥에는 출소일이라는 것이 있지만, 그곳에는 그런 희망조차 없었기 때문입니다. 그곳에 수용된 수십 명의 사람들에는 태양이 없는 나날이 계속되었습니다. 때로는 말을 듣지 않는다는 이유로 사지를 묶인 채 맞기도 했습니다. 그런데 그곳에도 마침내 햇살이 비치게 되었습니다. 한 사람의 고발로 그곳 일이 사회 문제가 되면서 그동안의 비리가 한 가지씩 드러나기 시작한 것입니다. 그곳에 갇혀 있던 사람들은 드디어 집으로 돌아가 병든 몸을 치료받을 수 있게 되었습니다. 그러나 그들이 하는 말이 무엇입니까? 병든 몸은 치료받을 수 있어도 병든 마음은 평생 치료받을 수 없다는 것입니다.

감옥에는 해가 들지 않습니다. 그리고 기뻐할 일도 전혀 없습니다. 오직 억압과 공포가 지배하는 분위기 속에서 살아야 합니다. 그래도 요즘 감옥은 나은 편입니다. 옛날 감옥은 도저히 사람이 있을 곳이 못 되었습니다. 걸핏하면 개처럼 두들겨 맞았고, 전염병이라도 퍼지면 속수무책으로 죽어 나갔습니다. 한평생 쇠사슬에 묶인 채 토굴 같은 곳에 갇혀 있다가 죽는 사람도 적지 않았습니다. 세수 한 번, 목욕 한 번 하지 못하고 치료 한 번 받지 못한 채 짐승처럼 살다가 죽어야 했던 것입니다.

예수 그리스도가 오시기 전까지 세상은 그런 감옥과 같았습니다. 인격의 존엄성이나 양심의 자유나 사랑의 권리는 존재할 수가 없었습니다. 지구 전체가 인권의 사각지대였고 눈에 보이지 않는 감옥이었습니다. 집안 형편이 어렵거나 귀찮다는 이유로 아이들이 팔려 나갔고, 여자들도 물건처럼 매매되었습니다. 또 전쟁에서 지거나 빚을 갚지 못한 사람들도 노예로 끌려가서 다시는 가족들을 만나지 못했습니다.

이처럼 그리스도가 오시기 전의 세상은 해가 전혀 들지 않는 토굴이었고 정신병동이었으며 감옥이었습니다. 그런데도 사람들은 그것을 문제시하지 않았습니다. 그들은 몸이 아닌 영혼이 병들어 있었고 상해 있었기 때문입니다. 사람들의 마음은 온통 쇠사슬과 채찍의 상처로 뒤덮여 있었습니다.

이렇게 사람들의 마음에 은혜의 빛이 들지 못하도록 막고 있었던 것이 무엇입니까? 바로 죄입니다. 죄가 하나님의 태양이 비치지 못하도록 막고 있었던 것입니다. 예수 그리스도는 자신의 몸을 의의 제사로 드림으로써 그 죄의 담을 헐고 하나님의 은혜가 사람들 마음속 깊숙한 곳까지 비치게 하셨습니다.

2절을 보십시오. "내 이름을 경외하는 너희에게는 의로운 해가 떠올라서 치료하는 광선을 발하리니 너희가 나가서 외양간에서 나온 송아지같이 뛰리라."

여기에서 "의로운 해"는 그리스도를 가리킵니다. 왜 그리스도를 "의로운 해"라고 부를까요? 해면 다 똑같은 해지, 의로운 해도 있고 불의한 해도 있습니까? 이것은 진리의 강도를 가리키는 표현입니다. 그리스도가 오시기 전에도 진리는 있었습니다. 그러나 그 진리는 반딧불처럼 희미해서 얼어붙은 땅을 녹일 힘이 없었습니다. 그저 상식적으로 타당한 정도, 경험으로 입증된 정도의 진리에 불과했습니다. 그러나 예수님이 오시면서 강렬한 태양이 떠올랐고, 엄청난 진리의 빛이 쏟아졌습니다. 그 진리의 빛 속에서 사람들은 문제의 원인을 깨닫게 되었고 죄의 감옥을 부수고 나오게 되었습니다.

세상을 이렇게 춥고 어둡게 만든 것은 가난도 아니고 질병도 아니고 무지도 아닙니다. 세상을 이렇게 비참하게 만든 것은 인간의 교만과 죄입니다. 그러므로 우리의 힘으로는 세상에 다시 봄을 불러올 수가 없습니다. 오직 하나님께서 독생자를 보내서 우리 대신 죽게 하셔야 합니다. 그분을 믿을 때 강력한 진리의 태양이 떠오르면서 얼어붙어 있던 우리의 삶에 은혜의 빛이 비치기 시작합니다. 그 빛은 우리의 마음을 덮고 있던 모든 죄의 세력들을 녹여 없앨 정도로 강력합니다. 그 빛이 비치면 아무리 춥고 어두웠던 마음도 봄기운이 돌기 시작합니다. 아지랑이가 피어오르고 나뭇가지에 물이 오르며 새들이 지저귀는 봄날이 찾아오는 것입니다.

"하나님은 나를 사랑하신다. 아들을 죽음에 내어주실 정도로 사랑하신다"라는 메시지가 얼마나 강력한 빛인지 모릅니다. 그 말을 들으면 "아버지! 아버지!" 하는 외침이 절로 터져 나오면서 10년, 20년 쌓인 한들이 밖으로 쏟아져 나오기 시작합니다.

"치료하는 광선을 발하리니"라는 것은 성령께서 우리에게 치료의 능력을 나타내신다는 뜻입니다. 우리의 마음과 인격은 죄로 인해 온통 상처 나 있고 고장 나 있습니다. 생각도 병들고 감정도 병들고 가족관계도 병들고 인생관도 병들어서 도저히 고칠 수가 없습니다. 그러나 말씀의 빛이 비치면 성령께서 그 병든 부분을 하나하나 치료해 나가십니다. 늘 병적인 강박관념에 시달리던 사람이 건전한 생각을 하기 시작하고, 감정이 메말라서 삶의 의미조차 찾지 못했던 사람이 웃기 시작하며, 남들에 대해 너무 부정적이어서 한 번도 인사하지 않았던 사람이 자발적으로 인사하기 시작합니다.

마음이 병든 사람들의 특징은 굉장히 경직되어 있으며 방어적이라는 것입니다. 그래야 자기 자신을 지킬 수 있다고 생각하기 때문입니다. 그런데 성령은 그 부분을 치료해서 단단히 굳어 있던 감정을 부드럽게 풀어 놓으십니다. 그러면 점점 더 부드럽고 긍정적이며 개방적인 사람으로 변해 갑니다.

성령은 오랫동안 토굴에 갇혀 있던 사람을 끄집어내서 치료하듯이 인간을 치료하십니다. 너무 오래 빛을 보지 못한 사람이 갑자기 강한 빛을 받으면 시력을 잃기 쉽습니다. 그렇기 때문에 무엇보다 먼저 눈을 보호한 후에 고장 난 부분을 치료해 나가야 합니다. 그는 위도 상하고 장도 상하고 온몸에 멀쩡한 데가 없습니다. 그러나 어느 정도 치료 기간을 거치고 나면 휠체어를 타고 밝은 태양이 비치는 길로 나설 수 있습니다. 아마도 그는 자신이 이처럼 건강하게 다시 햇빛을 받으며 맑은 공기를 숨쉴 수 있게 되었다는 사실이 믿어지지 않을 것입니다. 소리를 지르면서 춤이라도 추고 싶을 정도로 기쁨이 북받칠 것입니다.

하나님은 의로운 해가 치료하는 광선을 발할 때 사람들이 외양간에서 나온 송아지같이 뛸 것이라고 말씀하십니다. 감옥에 갇혀 있는 사람은 뛸 수가 없습니다. 감옥 안에서 뛰면 두들겨 맞아요. 거기서는 그냥 입 다물고 주는 대로 받아먹으면서 가만히 있는 것이 상책입니다. 감옥에서 무엇보다 답답한 것은 사랑하는 사람들과 만날 수 없다는 것입니다. 인간에게 소외보다 더 큰 고통은 없습니다. 특히 사랑하는 이들로부터 소외되어 있어야 한다는 것은 말할 수 없이 큰 고통입니다. 또 자기가 옳다고 생각하는 일도 하나도 할 수 없습니다. 하기 싫어도 시키는 일만 해야 합니다. 그러다가 사슬이 풀리고 감옥 문이 열려서 밖으로 나오면 얼마나 기쁘고 좋겠습니까? 그야말로 외양간에서 나온 송아지처럼 펄쩍펄쩍 뛰면서 만세를 부를 것입니다. 이제부터는 사랑하는 사람들도 얼마든지 만날 수 있고, 하고 싶은 일도 얼마든지

할 수 있습니다.

그리스도가 하신 일이 무엇입니까? 이처럼 우리를 영혼의 감옥에서 풀어 주신 것입니다. 그 무서운 토굴에서 나오게 하시고 우리 몸을 휘감고 있던 사슬에서 놓이게 하신 것입니다. 영혼의 추운 겨울은 지나가고 꽃피는 봄이 찾아오게 하신 것입니다. 우리는 더 이상 죄의 종이 아닙니다.

그런데도 왜 여전히 불행하게 살고 있습니까? 그것은 아직도 과거의 후유증에서 벗어나지 못한 탓입니다. 죄의 감옥에 너무 오래 갇혀 있었기 때문에 아직도 그 후유증을 앓고 있는 것입니다. 우리는 죄 사함을 받았으면서도 스스로 소중한 존재라고 생각지 못합니다. 오히려 세상 사람들과 비교할 때 너무나 무능한 존재인 것만 같습니다.

저도 한때는 그리스도인이 왜 항상 기뻐해야 하는지 이해하지 못했습니다. 예수는 믿었지만 사는 것이 너무 힘들었기 때문입니다. 무엇보다 답답했던 것은 미래에 대해 아무 계획도 세울 수가 없다는 점이었습니다. 그래서 어떤 목사님이 "그리스도인은 항상 기뻐해야 합니다"라고 말했을 때 '저것도 다 남의 사정을 모르니까 할 수 있는 배부른 소리야'라고 생각했습니다. 그 당시 저에게는 더 많은 치료의 광선이 필요했습니다. 더 환한 빛 속에서 치료받을 필요가 있었던 것입니다. 감사하게도 지금은 그 기쁨을 알고 있으며 누리고 있습니다. 때로는 '이렇게 기뻐해도 될까'라는 생각이 들 정도로 풍성한 기쁨을 맛보고 있습니다.

예수를 믿는다고 해서 자동적으로 모든 부분이 치료되는 것은 아닙니다. 우리 자신이 적극적으로 병든 부분을 가지고 주님 앞으로 나아가야 합니다. 가만히 주저앉아 있으면 병든 그리스도인으로 살다가 죽게 됩니다. 그러나 주님께 달려가기만 하면 깨끗해져서 송아지처럼 기뻐 뛸 수 있습니다. 외양간에서 나온 송아지가 뛰는 모습을 본 적이 있습니까? 겨울 내내 송아지를 가두어 두었다가 화창한 봄날에 처음 풀어 놓으면 어떻게 되겠습니까? 아마도 정신없이 겅중겅중 뛰며 기뻐할 것입니다.

우리는 주님 때문에 절망의 토굴에서 빠져 나온 사람들입니다. 이를테면 인권의 사각지대에서 벗어나 최신식 시설을 갖춘 병원에 입원한 사람들인 것입니다. 이제 우리는 살아났습니다. 그렇다면 지금부터는 좀더 적극적으로 치료에 나서야 합니다. 그러면 그럴수록 더 빨리 온전한 삶을 회복하게 될 것입니다.

악인을 밟으리라

죄에서 해방된 그리스도인들은 더 이상 죄에 사로잡히지 않을 뿐 아니라 죄를 발로 밟아 이길 것입니다. "또 너희가 악인을 밟을 것이니 그들이 나의 정한 날에 너희 발바닥 밑에 재와 같으리라. 만군의 여호와의 말이니라"(4:3).

마귀의 무서운 무기가 무엇입니까? 혼동입니다. 사람들이 죄의 세력에 매여서 고생하는 이유는 무엇이 옳고 그른지 혼동하고 있기 때문입니다. 마귀는 항상 교묘한 속임수로 사람들을 지배합니다. 그리스도인들에게 가장 위험한 것은 진리가 명쾌하게 밝혀지지 않는 것입니다. 비슷한 것 같기는 한데 정확하게 무엇이 옳고 그른지 모르는 상태에서 우왕좌왕할 때 죄의 감옥으로 끌려갈 가능성이 큽니다. 그러나 진리가 명쾌하게 밝혀지면 마귀가 속이려야 속일 수가 없습니다. 아무리 거짓의 불화살을 쏘아 대도 먹히

지가 않습니다.

그리스도인은 두 가지 측면에서 죄를 밟을 수 있습니다. 첫 번째는 일상생활에서 마귀에게 속지 않는 것입니다. 그러면 죄를 이길 수 있습니다. 진리를 아는 사람은 마귀가 억지로 죄짓게 만들 수 없습니다. 두 번째는 성령의 능력을 받아서 악의 세력을 뒤집어엎는 것입니다. 아무리 악의 힘이 강하고 모든 세력을 제 편으로 규합한 것처럼 보여도 한 번은 의로운 사람의 손에 패할 때가 있습니다. 모든 그리스도인이 적어도 한 번은 이런 승리를 경험합니다.

우리가 세상에서 살고 있는 것은 악의 세력과 싸워 이기기 위해서입니다. 그리스도는 십자가에서 죽으셨다가 부활하심으로써 이미 승리하셨습니다. 그럼에도 불구하고 악의 세력을 다 멸하지 않고 내버려 두신 이유가 무엇입니까? 우리와 함께 싸우시기 위해서입니다. 이 싸움에서 승리한 사람만이 영원히 그리스도와 함께 왕 노릇 할 것입니다.

지금 나의 삶 가운데 은밀한 악의 세력이 지배하고 있는 부분이 있습니까? 발로 밟아서 부수어 버리십시오. 요즘은 그리스도인이라고 하면서도 악과 싸우려 하지 않고 세상에서 성공한 것을 자랑하며 그것을 알아주지 않으면 화를 내고 섭섭해하는 사람들이 많이 있습니다. 그러나 그것은 엉터리 신앙입니다.

말라기 선지자는 크고 두려운 날이 오기 전에 엘리야가 올 것이라고 예언합니다. "보라, 여호와의 크고 두려운 날이 이르기 전에 내가 선지 엘리야를 너희에게 보내리니"(4:5). 그래서 많은 유대인들은 하늘로 올라간 엘리야가 다시 온다고 생각했습니다. 그러나 여기에서 말하는 엘리야는 구약의 선지자 엘리야가 아니라 엘리야의 심정과 능력으로 사역할 다른 사람을 가리킵니다. 예수님은 세례 요한이 바로 그 엘리야라고 말씀하셨습니다.

우리는 천사가 제사장 사가랴에게 세례 요한의 탄생을 예고할 때 바로 이 말씀을 인용한 것을 알고 있습니다. "저가 또 엘리야의 심령과 능력으로 주 앞에 앞서 가서 아비의 마음을 자식에게, 거스리는 자를 의인의 슬기에 돌아오게 하고 주를 위하여 세운 백성을 예비하리라"(눅 1:17).

이 부분이 말라기서에는 이렇게 기록되어 있습니다. "'그가 아비의 마음을 자녀에게로 돌이키게 하고 자녀들의 마음을 그들의 아비에게로 돌이키게 하리라. 돌이키지 아니하면 두렵건대 내가 와서 저주로 그 땅을 칠까 하노라' 하시니라"(4:6).

자녀들의 마음을 아비에게로 돌이킨다는 것은 말씀을 떠났던 백성들을 다시 말씀으로 돌이킨다는 뜻입니다. 사람들은 세상에 보물이 있다고 생각하지만 진짜 보물은 말씀 속에 다 들어 있습니다. 그것을 믿지 못하기 때문에 말씀을 떠나 세상으로 가 버리는 것입니다. 엘리야는 그렇게 떠난 백성들에게 "말씀으로 돌아와야 산다"라고 끝까지 전했던 선지자였습니다.

말씀을 붙들고 있는 사람은 아무리 사탄이 공격하고 물어뜯어도 상처를 받지 않습니다. 마음이 금강석같이 단단하기 때문에 이빨 흔적조차 남지 않습니다. 그런 사람이 진리로 사탄을 내려치면 사탄의 머리가 박살나 버립니다. 하나님의 진리는 그처럼 강력한 것입니다. 전에는 '나야말로 세상에서 가장 불쌍한 사람'이라고 생각하던 이들도 말씀을 듣고 나면 '나야말로 세상에서 최고로 복 있는 사람'이라는 자신감을 갖게 됩니다.

유대인들은 하나님의 말씀에서 왜 그렇게 멀리 떠나게 되었을까요? 그들 안에 있던 죄성 때문입니다. 말씀은 늘 죄를 지적하고 책망했기 때문에 그들은 말씀을 싫어했습니다. 기초지식이 전혀 없는 학생에게 억지로 공부하라고 하면 더 공부가 싫어지는 이치와 같습니다. 그들에게 먼저 필요한 것은 자신감입니다.

유대인들은 세례 요한의 설교를 들으면서 자신감을 얻었습니다. 왜냐하면 그는 아주 구체적인 복음을 제시했기 때문입니다. 요한은 "이제 곧 그리스도가 오실 테니 회개하고 믿으라"라고 외쳤습니다. 그 믿음의 설교가 그들을 말씀으로 돌이키게 했습니다. 그리고 그들이 예수를 믿었을 때 성령이 임해서 하나님이 약속하신 새로운 삶을 살 수 있게 해 주셨습니다. 오늘 우리들에게 필요한 것은 믿음입니다. 내 삶을 내가 책임지려 들지 않고 하나님이 능력 주시는 범위 안에서 최선을 다하면 능히 마귀를 이길 수 있습니다.

또 아비의 마음을 자녀에게로 돌아오게 한다는 것은 하나님이 우리를 사랑하시게 한다는 뜻입니다. 세상을 바라보지 않고 하나님 한 분으로 만족할 때 아버지의 사랑이 우리에게 임하는데, 세상의 어떤 것도 그 사랑에서 우리를 끊을 수 없습니다. 핍박도 끊을 수 없고 나의 연약함도 끊을 수 없고 세상의 유혹도 끊을 수 없고 마귀도 끊을 수 없습니다.

지금 우리를 비추고 있는 것은 아주 강력한 의의 태양입니다. 이 태양은 모든 불의를 쫓아내고 미신을 몰아내며 우리의 존귀함을 되찾아 줍니다. 누구든지 부끄러움을 무릅쓰고 나아가기만 하면 죄가 남겨 놓은 모든 상처와 후유증을 치료받을 수 있습니다.

우리는 이 시대의 엘리야들입니다. 주님은 우리에게 엘리야의 심정과 능력으로 사람들의 마음을 주께로 돌이킬 능력을 주셨습니다. 예수님은 "내가 진실로 너희에게 말하노니 여자가 낳은 자 중에 세례 요한보다 큰 이가 일어남이 없도다. 그러나 천국에서는 극히 작은 자라도 저보다 크니라"(마 11:11)라고 말씀하셨습니다. 복음의 시대에는 아무리 보잘것없는 사람도 세례 요한보다 크고 엘리야보다 위대합니다. 우리도 부족하지만 말씀을 붙들고 영혼을 구하러 나아갈 때, 세례 요한의 능력을 주시고 엘리야의 능력을 주실 것입니다. 바로 우리 앞에서 바알 선지자 450명이 굴복하는 역사, 하늘이 열리고 닫히는 역사가 일어날 것입니다.

우리는 엘리야일 뿐 아니라 사탄의 목을 밟는 여호수아이기도 합니다. 주님은 말씀으로 우리 마음을 금강석보다 단단하게 만들어 주십니다. 사탄이 아무리 공격하고 물어뜯어도 두려워하지 말고 대적하십시오. 진리의 쇠망치로 머리를 부수어 버리십시오.

우리는 굉장한 축복과 약속을 가지고 있는 사람들입니다. 우리 가운데 진리의 태양이 떠올라 있습니다. 우리의 입에서 하나님의 말씀이 나갈 때, 사람들은 구원을 받을 것이며 태양보다 더 밝은 진리의 빛 가운데서 모든 억압과 비참함을 떨쳐 버릴 것입니다.

오늘 하나님께서 그 진리의 빛으로 우리 마음속에 있는 죄의 상처와 연약함을 치료해 주시기를 바랍니다. 전에는 도망자요 상처받은 자였다 하더라도 의의 태양이 발하시는 치료의 광선을 받음으로써 엘리야 같은 능력의 종, 여호수아처럼 사탄의 목을 밟는 믿음의 용사들이 되게 해 주시기를 바랍니다.

소선지서 강해설교

말라기: 치료하는 광선

Expository Sermons on Malachi

지은이 김서택
펴낸곳 주식회사 홍성사
펴낸이 정애주
국효숙 김의연 김준표 박혜란 손상범 송민규
오민택 임영주 주예경 차길환 허은

2005. 5. 6. 초판 발행 2018. 10. 25. 9쇄 발행
2021. 12. 16. 개정판 1쇄 인쇄 2021. 12. 23. 개정판 1쇄 발행

등록번호 제1-499호 1977. 8. 1.
주소 (04084) 서울시 마포구 양화진4길 3 전화 02) 333-5161 팩스 02) 333-5165
홈페이지 hongsungsa.com 이메일 hsbooks@hongsungsa.com
페이스북 facebook.com/hongsungsa
양화진책방 02) 333-5163

ISBN 978-89-365-1426-6 (03230)